Colección
Crecimiento Espiritual

Pan House
Casa Editorial

Editorial PanHouse®
www.editorialpanhouse.com

Edición general:
Jonathan Somoza
Gerencia general:
Paola Morales
Gerencia editorial:
Daniel Valente
Coordinación editorial:
María Laura Pernalete
Edición de contenido:
Jade Báez
Corrección editorial:
Luz Llaguno
Corrección ortotipográfica:
Gabriela Ortega
Diseño, cubierta y diagramación:
Aarón Lares

ISBN: 978-980-437-511-8
Depósito legal: DC2025000316

LA CULPA ES DEL TRAUMA

SANA CON PSICOTERAPIA CUÁNTICA CEYS (Comunicación Energética Y Sanación)

LINA CUSTODE TUOZZO

PanHouse

ÍNDICE

Dedico este libro a todas las personas que están buscando una vía efectiva y rápida para sanar sus padecimientos de todo tipo y sus creencias limitantes.

A las nuevas generaciones, como un paso en la aplicación práctica y uso de la física cuántica en la vida diaria de los seres humanos.

AGRADECIMIENTOS

A ti, mi Dios, gracias por tu amor que me sostiene y por ser el real autor de la terapia expuesta en este libro.

A ti, maestro Jeshua, por enseñarme a alcanzar la agenda de mi alma y a vivir una vida maravillosa.

A mis amadas hijas, Fabiana y Crisstal, por su acompañamiento y amor a diario.

A todos mis pacientes de CEYS, sin cuyo aporte no hubiera sido posible escribir este libro.

Y a todos mis amigos y personas que, de una u otra forma, colaboraron para la elaboración de esta obra.

PRÓLOGO

En la intersección de la ciencia y la espiritualidad, donde la consciencia y la materia se entrelazan, surge una nueva era de sanación que involucra la participación de la física cuántica. La terapia cuántica CEYS, desarrollada por la visionaria Lina Custode Tuozzo, es una terapia vanguardista que permite explorar las profundidades del ser humano y descubrir el poder sanador que yace en su interior y en su conexión con el universo. Este libro se dirige a aquellos que buscan trascender los límites del conocimiento convencional y encontrar verdaderas respuestas que expliquen, a través de la física cuántica y de una manera sencilla, fácilmente entendible y comprobable, los fenómenos de la realidad cotidiana de los seres humanos y sus variadas relaciones. También va dirigido a aquellas personas que están buscando sanar sus heridas más profundas y liberar bloqueos de todo tipo para poder realizar sus sueños.

Lina Custode Tuozzo, con su profunda sabiduría y su enfoque innovador, nos muestra los principios fundamentales de la terapia CEYS, en la que se ve claramente que nuestra propia composición energética interactúa con el universo y cómo podemos aprovechar este conocimiento para sanarnos integralmente. A través de sesiones personalizadas de terapia CEYS podemos explorar nuestro subconsciente, liberar energías atrapadas en eventos traumáticos de nuestra vida actual y de nuestras vidas paralelas —y que han formado las creencias que nos limitan—, así como modelar la energía formando creencias ilimitadas y empoderarnos, en una sola sesión.

La terapia cuántica CEYS se adentra en las raíces de los problemas permitiendo una transformación duradera, beneficiando la salud mental, emocional y física, transformando para bien las diversas relaciones y haciendo que la persona pueda alcanzar un mayor sentido de propósito en su vida. Además, aumenta la vitalidad, la creatividad y las capacidades de atención, memoria y concentración.

Como afirma la misma Lina Custode Tuozzo, «para que una persona evolucione tiene que trascender las emociones que la mantienen en un estado fijo de consciencia, lo que equivale a un cierto estado cuántico». La terapia CEYS produce un cambio emocional inmediato que se traduce en una elevación de la vibración y que expande la consciencia del individuo a una nueva línea de tiempo mucho mejor en su vida presente.

Si están listos para emprender un fascinante viaje de autodescubrimiento y transformación, les invito a sumergirse en las páginas de esta obra.

Salomón Gill

INTRODUCCIÓN

Comunicación Energética y Sanación (CEYS) es una terapia nueva que recibí de mi maestro interno para la sanación integral de las personas. Abarca el alma, la mente, el cuerpo y las circunstancias de la vida de cada quien; logra rápidamente el bienestar del paciente respecto a su situación o problema, sin importar si están vinculados a relaciones interpersonales o laborales, al dinero, enfermedades, problemas emocionales, problemas causados por entidades de bajo astral o a otros motivos. Esto es posible debido a la comunicación con la energía, y a la reparación del pasado y de las vidas paralelas del paciente.

Después de muchos años ayudando a miles de personas mediante la terapia de regresión a «vidas pasadas», comprendí, de manera vivencial, que no existen esas «vidas pasadas» en términos de tiempo lineal. En realidad, ellas ocurren de manera paralela —es decir, simultáneamente— dentro del único tiempo que existe: el presente o ahora. Estas vidas paralelas están interconectadas por lazos energéticos, y la influencia que ejercen en la vida actual de una persona es, a menudo, la causa de sus problemas, ya sean económicos, de relaciones, enfermedades, actitudes, falta de éxito o dificultades en cualquier otro ámbito.

CEYS es capaz de tratar con éxito cualquier aspecto del ser humano, ya que aborda la raíz del problema. La sanación se produce al sanar la mente del paciente desde el *supraconsciente* (o mente superior del espíritu), a donde todos podemos acceder.

Ya que el trabajo se hace con la energía, CEYS tiene la ventaja de ayudar a personas que por alguna condición no pueden realizar la terapia, puesto que la hacen a través de otra persona, siempre que el alma de la persona acceda a recibirla. Además, esto se puede realizar vía *online*. Dado que es una terapia cuántica, y el lector podría no tener nociones previas sobre física cuántica, en el primer capítulo explico brevemente algunos aspectos fundamentales de esta disciplina, especialmente aquellos que se relacionan directamente con la terapia.

La tradicional idea del karma, comúnmente asociada a las causas de las bendiciones o de los eventos desafortunados en la vida de las personas, debe replantearse en esta época. No existe un tribunal que juzgue o castigue. Lo que a menudo llamamos karma negativo es, en realidad, un autocastigo que el alma se impone con el objetivo de avanzar. La mala interpretación puede deberse a la creencia errónea de que el dolor es necesario para evolucionar o a un sistema de creencias limitantes según el cual el alma siente que debe compensar culpas mediante sufrimiento. Aquí CEYS interviene, permite la liberación y sanación a nivel del alma y rompe esos patrones recurrentes de dolor y sufrimiento.

El alma, a través de la mente, se enfoca en diferentes pensamientos o imágenes mentales, y manifiesta, así, diversas «realidades». Por eso, el concepto de reencarnación, entendido como vidas que se suceden en un tiempo lineal, también es erróneo. Esas vidas existen simultáneamente en distintos planos de frecuencia energética.

CEYS permite que el alma sane, lo que restaura la salud física y emocional de la persona y resuelve sus problemas. Y es que estos no son más que manifestaciones de traumas, creencias limitantes, autocastigos, acuerdos destructivos nacidos del desconocimiento, y falta de amor propio o de amor hacia los demás.

Es importante destacar que esta terapia no requiere ningún conocimiento previo del paciente ni de física cuántica ni de fe religiosa. No importa si la persona es creyente o atea. CEYS no utiliza un tipo de hipnosis que haga perder la noción de la realidad, ni requiere que el paciente sepa relajarse. Por otro lado, tampoco es necesario realizar tareas adicionales después de la sesión para que la terapia sea efectiva. Y como ya mencioné, puede incluso aplicarse a terceros que, por alguna razón, no pueden realizarla directamente.

CEYS es una terapia nueva, adaptada a los tiempos actuales, que me fue revelada por mi maestro interno y que he aplicado con éxito en numerosas personas. Además, he formado pequeños grupos de personas que también la están practicando con resultados positivos. En este libro presento los fundamentos de la terapia y expongo casos reales con sus respectivos resultados para que tú, como lector, puedas familiarizarte con ella. Si lo deseas, también podrás formarte como terapeuta en CEYS, directamente conmigo, a través de mi plataforma de estudios en línea.

Cabe mencionar que aunque la terapia no requiere habilidades especiales por parte del paciente, sí exige una preparación adecuada del terapeuta. Detalles aparentemente simples como la entonación y el ritmo de la voz al guiar la sesión, llevar el hilo adecuado, saber enfocar el problema y reaccionar correctamente ante cualquier eventualidad pueden marcar una gran diferencia en los resultados. Por ello, **este libro no constituye una formación terapéutica**. Su propósito es presentar la terapia a quienes deseean familiarizarse con el manejo de la energía, prepararse para ser terapeutas de manera rápida y efectiva o simplemente encontrar alivio y sanación en una nueva y poderosa terapia.

Lina Custode Tuozzo

CAPÍTULO 1

NOCIONES DE FÍSICA CUÁNTICA

La física cuántica estudia el comportamiento de las partículas a nivel subatómico, gracias a lo cual revela aspectos sorprendentes sobre la realidad que nos rodea. A través de experimentos como el de la Doble Rendija, disponible en YouTube, los científicos descubrieron algo fascinante: el observador crea la realidad. Cuando no hay nadie observando, los electrones actúan como ondas; sin embargo, al ser observados, cambian su comportamiento y se manifiestan como partículas. Este descubrimiento fue revolucionario, porque significa que el mundo que vemos es primeramente creado por la mente, vemos lo que esperamos ver; dicho de otro modo, la consciencia le da forma a la energía creando lo que llamamos «realidad».

Cada persona es una consciencia que está conformada por creencias que moldean la energía de la persona creando su realidad. Comúnmente decimos que «atraemos lo que está en sintonía con nuestros pensamientos», pero lo que realmente sucede es que la consciencia, como observadora, está creando la realidad personal al interactuar con los electrones y configurarlos de acuerdo con sus expectativas. Esto aplica a todos los aspectos de la vida: salud, bienestar, abundancia, relaciones, etc. Si una persona cree con total convicción que algo es posible, eso se manifestará en su realidad; si no lo acepta por completo, no ocurrirá.

Otro experimento relevante en este contexto es el del gato de Schrödinger, también accesible a través de YouTube. Te sugiero verlo, al igual que el de la Doble Rendija, cuando termines de leer este capítulo. Este experimento muestra que al comportarse el electrón como una onda y no ser una partícula, existen infinitas posibilidades de manifestación; es el observador quien determina qué forma toma la realidad. En el caso del gato de Schrödinger, se demuestra que las posibles realidades — el gato está vivo en una y muerto en otra— son simultáneas y están superpuestas. Esto constituye la base de la teoría de los «universos paralelos» o «líneas de tiempo», donde coexisten diferentes realidades en simultáneo.

En terapia CEYS estas realidades paralelas se experimentan de manera palpable. A través de esta práctica, entendemos que somos seres multidimensionales, que existimos en diversas líneas de tiempo a la vez y que estamos interconectados unos con otros. No es un juego de imaginación: la terapia conecta con la energía de la situación problemática del paciente, ya sea una enfermedad, una relación o cualquier otro conflicto. La energía revela las causas del conflicto que está viviendo la persona y nos guía hacia las realidades alternas donde se encuentran dichas causas. Con la dinámica de CEYS podemos intervenir en esas realidades paralelas y sanar el conflicto en su origen. Este cambio, al ocurrir en la realidad alterna, se refleja automáticamente en la vida presente del paciente, ya que tanto el yo paralelo como el paciente cambian hacia una mejor línea de tiempo.

Estos conflictos suelen estar relacionados con eventos del pasado, ya sea de esta vida o de lo que llamamos «vidas pasadas». Aunque es menos común, algunos problemas pueden haberse originado en una «vida futura». Lo que hacemos en la terapia CEYS es aprovechar la información proporcionada por la energía para identificar y resolver las causas que generaron el conflicto en la consciencia de la persona. Es crucial señalar que trabajamos sobre la consciencia, no sobre la mente. La consciencia incluye todas las vidas posibles (pasadas y futuras), las cuales, en realidad, ocurren simultáneamente. Por eso, las llamamos «realidades paralelas». Cualquier conflicto puede haber surgido en una vida paralela y en la terapia CEYS podemos intervenir de manera efectiva en esa realidad alterna, siempre que tengamos el consentimiento de la consciencia del paciente en esa vida.

Durante la terapia, establecemos diálogos evolutivos entre el *yo del futuro* (el paciente actual) y el *yo paralelo*. Asimismo, contamos con la asistencia de seres superiores, quienes intervienen con amor respetando el libre albedrío del paciente y de los yoes paralelos. El resultado no es solo la sanación del paciente en su presente, sino también la de esos yoes paralelos en sus respectivos espacios y tiempos. Literalmente, hay un cambio de línea de tiempo para el yo paralelo, lo que también se manifiesta en la vida actual del paciente.

Para facilitar estos cambios, utilizamos diálogos que ayudan a los yoes paralelos a tomar conciencia y evolucionar. También aplicamos el verdadero perdón y en ocasiones realizamos regresiones para sanar conflictos, o bien progresiones hacia el futuro —una técnica canalizada por mi maestro interno que detallaré más adelante—. En algunos casos, una entidad espiritual de bajo astral puede estar causando el problema, y durante la sesión de terapia puede manifestarse por medio de la energía. En este escenario, realizamos una liberación con la ayuda de ángeles para sanar tanto al paciente como a la entidad, que puede haber quedado atrapada en ese plano y haber sido enviada mediante brujería, o bien estar parasitando a la persona por alguna otra causa.

Como puedes ver, la terapia CEYS es un proceso elaborado y profundo que no debe ser aplicado por personas sin la debida formación. Un terapeuta de CEYS debe estar capacitado para realizar correctamente estos diálogos evolutivos, algo que puede parecer fácil, pero que no lo es para una persona que aún no ha entendido el viaje que hacen las almas al mundo físico, o que no sabe, por ejemplo, cómo se aplica el verdadero perdón. Estas herramientas se enseñan en terapia CEYS, así como hacer regresiones y progresiones y desalojar entidades de bajo astral. Si te interesa lo que has leído en este libro, te invito a que te formes, bajo mi guía, de manera adecuada en la terapia para que puedas aplicar estas técnicas con responsabilidad y eficacia.

Las fechas de los próximos inicios se publican siempre en mis redes sociales:

@linacustode *www.linacustode.es*
@linacustode

También puedes informarte por el correo:

maestrosdepaz@gmail.com

En la terapia CEYS uno de los recursos clave que enseño es la progresión a futuro. Esta herramienta permite al paciente, o a cualquier yo en una vida paralela con la que estemos trabajando, obtener la información de los eventos que tendrán lugar en sus líneas de tiempo futuras según las decisiones que tome. Cada decisión nos conecta con una línea de tiempo o realidad alterna, y quien muestra estos futuros posibles es el propio ser espiritual del paciente, no su imaginación. Aunque parece una técnica sencilla, debe aplicarse correctamente para evitar propiciar que la persona imagine y, más bien, ayudarla a recibir claramente la información de su ser espiritual. El terapeuta solo guía el proceso; es el paciente quien percibe directamente las imágenes y percepciones de su ser espiritual.

Las progresiones a futuro son especialmente útiles para quienes se enfrentan a decisiones importantes en cualquier ámbito de su vida. No podemos predecir el futuro de una persona con exactitud porque depende de las decisiones que tome, pero su ser espiritual conoce el desenvolvimiento de los eventos dependiendo de cada decisión que tome, y eso es lo que se le permite descubrir a una persona al usar las progresiones. De esta manera, el paciente puede tomar una decisión tras saber anticipadamente cuál es la que más le conviene. Este proceso es igualmente valioso en el trabajo con yoes paralelos que muestran resistencia al cambio o se niegan a perdonar, como explicaré más adelante con ejemplos en el capítulo 4.

A lo largo de los años, he podido comprobar que lo visto por las personas en sus progresiones se cumple en la línea de tiempo que escogen, lo que me hizo tomar en cuenta esta herramienta tan útil. Por ejemplo, recuerdo a un joven que trabajaba en una empresa en Valencia. Él estaba indeciso sobre aceptar una oferta laboral en Puerto La Cruz. En su progresión, su ser espiritual le mostró que tomar el nuevo empleo lo llevaría a un mejor cargo en el extranjero, con mayor remuneración. Decidió aceptar y años después me contactó para contarme que estaba en México como gerente. Se le había cumplido exactamente lo que había visto en su progresión.

Otro caso fue el de una mujer mayor, española, que había vivido la mayor parte de su vida en Venezuela, mientras que sus hijos habían emigrado a España. Ella estaba indecisa sobre quedarse en Venezuela o regresar a España, dadas las circunstancias políticas. En su progresión, su ser espiritual le mostró los futuros de acuerdo a la decisión que tomara: en uno, se quedaba en Venezuela, viéndose sola y arrepentida de no haberse ido; en el otro, se veía en España, feliz, con una nueva pareja y disfrutando de nietos que aún no habían nacido. Al final, decidió irse a España. Años más tarde, me escribió para agradecerme, pues tal como había visto en su progresión, encontró una nueva pareja y estaba disfrutando de la compañía de sus nietos.

CAPÍTULO 2

CÓMO SE REALIZA LA TERAPIA CEYS

En la terapia CEYS, comenzamos estableciendo una comunicación con la energía del problema que afecta al paciente. Esta energía nos dirige hacia la vida paralela que está generando el conflicto en su realidad actual. Seguidamente, establecemos una interacción entre el paciente y su yo paralelo con el objetivo de transformar la situación en esa vida donde está la causa del problema; esto siempre se hace desde el amor y con la guía de la supraconsciencia, mente de Dios, Espíritu Santo o como prefiera denominarse. Este proceso hace que ocurra un cambio hacia un estado superior de consciencia en esa vida paralela, lo que produce, en consecuencia, la sanación de la situación problemática en la vida actual del paciente.

La verdadera naturaleza de un ser es su consciencia; un ser es una parte de una gran mente que lo abarca todo. Esta consciencia está formada por un conjunto de pensamientos que definen al ser, y cada pensamiento es, a su vez, energía que se manifiesta en lo que llamamos «realidad». La idea de que vivimos vidas pasadas sucediéndose una tras otra en un tiempo lineal es errónea; en realidad, todas las vidas existen simultáneamente y se proyectan desde la consciencia al mismo tiempo, aunque en diferentes frecuencias de energía. Así como cuando cambiamos de canal en la televisión observamos un programa diferente mientras los demás canales siguen emitiendo simultáneamente, así las distintas vidas también ocurren en paralelo, en diferentes bandas de frecuencia energética. Al modificar nuestra frecuencia personal, cambiamos inmediatamente las circunstancias de vida que estamos manifestando.

En *Un curso de milagros* (1976), el maestro Jesús nos enseña que el mundo que vemos es la consecuencia de nuestros pensamientos y que ese mundo lo podemos cambiar al cambiar estos. En la lección 23 del «Libro de ejercicios», en el numeral 4, dice:

> Ves el mundo que has fabricado, pero no te ves a ti mismo como el que fabrica las imágenes... no estás atrapado en el mundo que ves porque su causa se puede cambiar. Este cambio requiere, en primer lugar, que se identifique la causa y luego que se abandone, de modo que pueda ser reemplazada... Tus imágenes ya han sido reemplazadas (p. 39).

Como lo establece este señalamiento del maestro Jesús y la física cuántica, todo lo que te gustaría obtener al reemplazar tu realidad ya existe en el campo cuántico; cualquier situación que alguien desee alcanzar —ya sea salud, prosperidad, relaciones armoniosas o el trabajo ideal— ya está disponible en este campo cuántico. Para manifestarlo, solo necesitamos alinearnos en frecuencia con esa realidad deseada. Sin embargo, muchas personas no logran hacerlo debido a la falta de comprensión sobre la mecánica de la manifestación, o porque están atrapadas en patrones de pensamiento y emociones que las limitan. De allí la importancia de una terapia como CEYS, la cual permite encontrar y desbloquear la energía atrapada que forma una creencia subconsciente, para luego reestructurar la vida paralela que está causando el problema, y traer así el cambio inmediato del paciente a una línea de tiempo o realidad donde su problema no existe o ya ha sido resuelto.

ES FUNDAMENTAL ENTENDER QUE NUESTRO VIAJE COMO ALMAS AL MUNDO FÍSICO ES UN VIAJE EMOCIONAL Y QUE AVANZAMOS A MEDIDA QUE VAMOS CONQUISTANDO LAS EMOCIONES DE BAJA VIBRACIÓN.

En cuanto a las emociones, para entenderlo de una manera sencilla, podemos decir que las de baja vibración son aquellas que se sienten mal, como la tristeza, el miedo, la ansiedad, el rechazo, la ira, la impotencia y la frustración; y las de alta vibración, las que se sienten bien, como la alegría, la gratitud, la satisfacción y el entusiasmo.

Dependiendo de cuáles sean las emociones predominantes de una persona, podemos ubicarla en una escala de tonos emocionales crónicos. Este tono emocional define su *estado cuántico en un momento determinado*, el cual, a su vez, define las experiencias que atrae a su vida.

NADIE EVOLUCIONA HACIA UN NUEVO ESTADO DE VIDA SI NO TRASCIENDE LAS EMOCIONES QUE LO MANTIENEN EN SU ESTADO CUÁNTICO ACTUAL.

No basta con realizar cambios externos como cambiar de trabajo, pareja, apariencia o lugar de residencia: es necesario un cambio en el tono emocional. La terapia CEYS eleva inmediatamente este tono emocional fijo, con lo cual produce un cambio de consciencia en el paciente que lo impulsa a un nuevo estado cuántico, a lo que llamamos una «nueva realidad» o línea de tiempo.

Debido a que algunos no están familiarizados con el concepto de «escala emocional», considero importante hablar un poco de ella. Diversos autores, tales como Abraham Hicks, David Hawkins y Ronald Hubbard, explican la escala de emociones del ser humano. En particular, me gusta la explicación expuesta por Ronald Hubbard, por lo que me voy a referir a su enfoque. En su folleto «La escala tonal completa», el autor muestra la escala enumerando las emociones por las que atraviesa un ser humano, desde las que podríamos llamar «las más bajas» hasta «las más altas», entendiéndose por las más bajas las que más acercan a un individuo a la muerte y el caos, y las más altas, las que le permiten vivir una vida satisfactoria.

Colocaré a continuación su escala en forma resumida:

- Serenidad del ser
- Entusiasmo
- Alegría
- Conformismo
- Antagonismo
- Hostilidad manifiesta
- Hostilidad encubierta
- Miedo
- Pesar
- Apatía
- A punto de morir.

Como explica Hubbard: «al conocer el nivel en el que se encuentra un hombre en la escala, se puede determinar muchas cosas acerca de sus actitudes, comportamiento y potencial de supervivencia».

Para Hubbard hay un tono muy bajo; él lo llamó «A punto de morir». Es un tono en el que una persona no está sintiendo ninguna emoción en absoluto acerca de temas fundamentales de supervivencia porque siente que no tiene ninguna capacidad de respuesta; siente que las circunstancias escapan de su control. Una persona en este estado se encuentra en una situación de no-afinidad, no-emoción, no-problema y no-consecuencia acerca de cosas que son en realidad tremendamente importantes, por lo que no le da valor a la vida y puede cometer continuamente errores en sus actividades laborales, irrespetar sus relaciones o, peor aún, convertirse incluso en un asesino.

Al ir subiendo en la escala, pasamos al tono de la «Apatía». Se trata de un tono en el que la persona siente que lo ha perdido todo; su mirada se dirige hacia abajo y se posa en un punto fijo que ni siquiera está mirando. El individuo no le da valor a la vida y suele cometer muchos errores. A la persona en estado de apatía no la motiva nada y puede acabar con su vida.

Luego, sigue el tono de «Pesar». En él, la persona está crónicamente triste por pérdidas, se lamenta, se queja; puede ser que llore y exprese su dolor; su mirada es llorosa y hacia abajo.

Subiendo por la escala, pero encontrándonos aún en los tonos bajos, pasamos al tono del «Miedo». Como su nombre lo indica, la persona con miedo teme tomar acción en las cosas importantes de la vida, porque piensa y siente que le puede ir mal o que algo malo le puede ocurrir. Su mirada es evasiva y suele mirar hacia el lado izquierdo cuando se le habla.

Continuamos subiendo al siguiente tono: «Hostilidad encubierta». Aquí la persona encubre su enojo y odio detrás de una personalidad aparentemente agradable. Está enojado por las pérdidas que ha tenido o por no poder alcanzar lo que quiere obtener. Está resentido y trata de encubrirlo; desvaloriza a los demás con comentarios sutiles y desalentadores.

Un poco más arriba en la escala se encuentra el tono «Hostilidad manifiesta». Como lo indica el nombre, en este tono la persona es abiertamente hostil; está enojada y es agresiva; sus pérdidas la han llevado a un estado de abierto odio y desprecio. La mirada de las personas en este estado es de confrontación, como si estuvieran convirtiendo al otro en el blanco de sus ataques. Un poco más arriba, pero aclarando que seguimos refiriéndonos a tonos bajos de la escala, se encuentra el tono del «Antagonismo», en el cual el individuo confronta continuamente todo como una forma de defenderse de la amenaza real o imaginada que siente de perder cosas que atesora, ya sea que se trate de afectos, posiciones en la vida, cosas materiales, entre otras.

Subiendo más a lo largo de la escala llegamos al tono de «Conservatismo». Puede decirse que es un tono medio en la escala, un tono en el que si bien la persona no se siente motivada a tomar acciones nuevas, se siente en conformidad con lo que tiene o con lo que ha logrado. El individuo no se siente enojado, ni con pesar, ni con miedo, ni con apatía, aunque le falta la energía del entusiasmo que le puede permitir lograr u obtener más cosas.

Más arriba de «Conservatismo» se encuentran los tonos emocionales «Alegría» y «Entusiasmo». En estos, la persona siente satisfacción, se siente motivada a emprender acciones que le permitan obtener logros. El individuo refleja energía vital; su mirada es atenta, clara, de frente, relajada y vivaz. Además, está dispuesto a cooperar en bien del grupo y sin desatender sus necesidades individuales.

Y por último, en lo más alto, Hubbard sitúa el tono que él llamó «Serenidad del ser». En este estado la persona es auténtica, posee confianza en sí misma, se siente en paz, empoderada, y no reacciona con emociones de baja vibración, sino que, más bien, es capaz de atender con asertividad las circunstancias que se le presentan. Adicionalmente, se ama y es capaz de amar incondicionalmente.

Cada persona tiene un tono emocional fijo o crónico y sus emociones tienden a fluctuar alrededor de él. Este tono cambia a lo largo de la vida. Si un niño experimenta episodios de desvalorización y conflictos que generan traumas, las energías atrapadas en estos traumas irán disminuyendo su capacidad de atención, su coeficiente intelectual y su habilidad de conectar con tonos emocionales altos como el entusiasmo y la alegría. Este niño se convertirá en un adulto que vivirá en un tono emocional bajo, lo cual le dificultará alcanzar sus metas y hará que disfrute menos la vida. Por eso, es importante que cualquier terapeuta conozca la escala emocional.

En la Formación de CEYS, explico esta escala más detalladamente y con ejemplos para que los estudiantes comprendan cómo cada persona percibe la vida según su tono emocional, cómo responde ante distintas circunstancias, qué puede hacer el terapeuta para ayudar y qué es mejor evitar. Una ayuda bien intencionada, pero inexperta, como sucede a veces en el entorno familiar, puede perjudicar en lugar de ayudar.

El terapeuta en CEYS no solo aprende una técnica, sino que adquiere una formación integral en la aplicación de una terapia completa y efectiva, lo cual permite que la persona suba rápidamente en la escala emocional cambiando así su estado cuántico y, por lo tanto, su línea de tiempo presente.

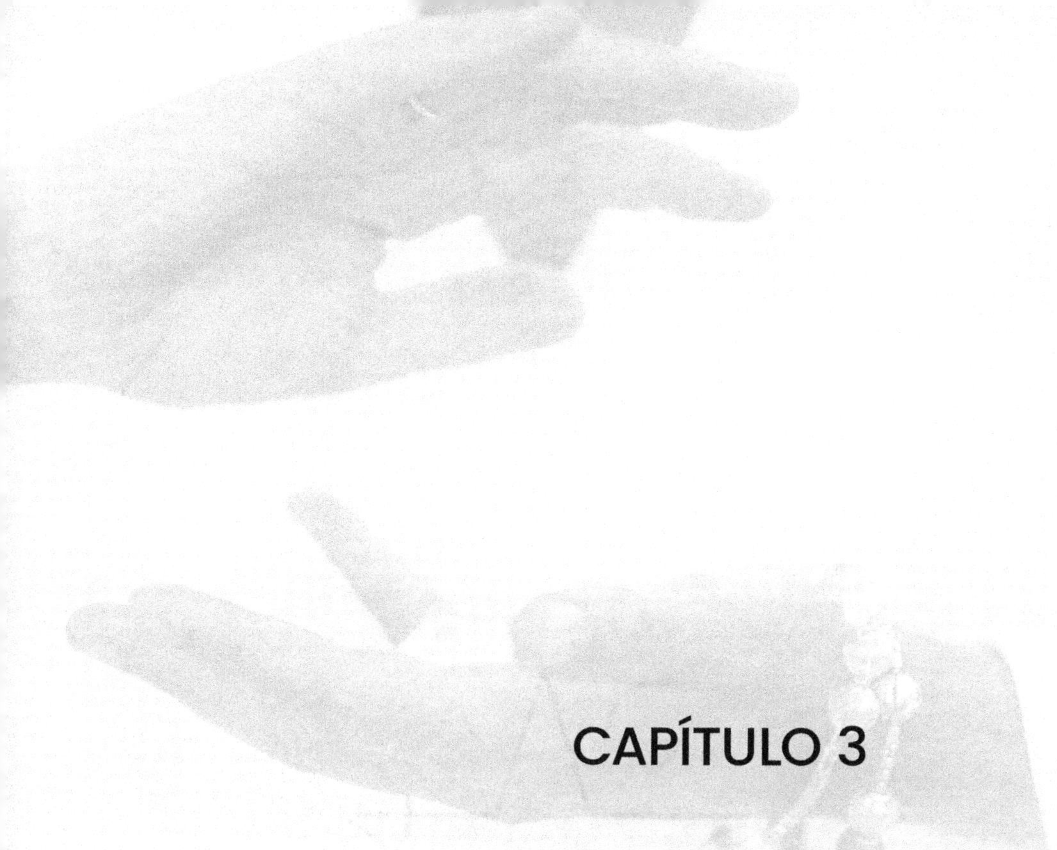

CAPÍTULO 3

TODO ES ENERGÍA

La terapia CEYS se vale del hecho de que todo cuanto existe es energía, no solo los objetos materiales, sino también las relaciones que mantenemos con cualquier persona, animal o cosa, así como cualquier persona, animal, cualidad, situación, pensamiento, decisión, indecisión, espacio, condición, valor, negocio, proyecto, empleo, venta, peso corporal, actividad, salud, enfermedad... en fin, absolutamente todo es energía.De este modo, es posible conocer la energía de cualquier elemento en su estado puro, como parte inherente del campo cuántico al que llamamos «todo lo que es». Además, podemos explorar cómo se manifiesta cada energía específica en la vida de una persona, lo cual yo denomino «relación energética». Esta relación describe cómo se expresa la energía de una cosa, condición o situación en la vida de la persona.

La relación energética puede ser favorable o desfavorable para el individuo. Cuando es positiva, tiende a manifestarse en forma de bienestar, oportunidades y satisfacción en el ámbito correspondiente. En cambio, cuando es desfavorable puede generar malestar, dificultades, bloqueos, enfermedad o incluso ruina, debido a las creencias que la persona ha integrado en su consciencia a partir de sus experiencias.

Cuando una persona enfrenta una afección, enfermedad, dificultad o bloqueo en algún aspecto de su vida, es necesario que transforme su conciencia para manifestar el bienestar. Sin embargo, aunque muchos comprendan la necesidad de cambiar sus pensamientos, les resulta complicado hacerlo por sí mismos. Esto se debe a que existen realidades paralelas —ya sea de su vida actual, del pasado o de otras vidas pasadas o futuras interconectadas con su consciencia— en las que se están produciendo experiencias negativas. Estas realidades continúan afectando la vida presente de manera subconsciente y generando obstáculos. Por esta razón, la terapia CEYS actúa a nivel del subconsciente. Conectando con la energía de la situación que se desea tratar, se hace la sanación y reestructuración no necesariamente en la línea de vida actual del paciente, sino en la vida paralela donde se originó el problema. Así, se logra un desbloqueo rápido, generalmente en una o dos sesiones.

Las energías de cualquier elemento en su estado puro —es decir, sin relación con una persona o situación específica— poseen cualidades y vibraciones propias. He tenido la oportunidad de observar numerosas energías en su estado puro, y comparto aquí algunos ejemplos: la energía del amor incondicional es alegre, risueña, le gusta bailar y rebosa de felicidad; la energía de la pereza es densa y adormecida; la del dinero es alegre, feliz, libre y expansiva; la energía de los celos es restrictiva y oscura; la que rodea a entidades de bajo astral se presenta como una neblina oscura, y el miedo se percibe como un impulso de parálisis y alejamiento. Es posible conocer cualquier energía en su estado puro, así como su expresión y comportamiento. No obstante, estas energías suelen manifestarse en la vida de cada persona de una manera distinta a como son en su estado puro. Por eso, es importante, cuando una relación energética es negativa, que la persona sane esa relación con CEYS para restaurar el equilibrio.

Por otro lado, en situaciones en las que una persona no puede someterse directamente a la terapia por impedimentos como síndrome de Down, parálisis cerebral, autismo, estado de coma o alteraciones mentales graves, la terapia puede realizarse a través de un intermediario. Esto permite ayudar al alma del individuo a desbloquear las causas de sus condiciones. No se pretende juzgar la elección de un alma que decide experimentar estas condiciones, pues pueden representar una exploración valiosa y enriquecedora. La terapia, sin embargo, permite explorar si la elección está motivada por un deseo genuino de aprendizaje, y no como una forma de expiación a través del dolor, ni por la creencia de que el sufrimiento acelera la evolución. En estos casos, se puede ayudar a la persona a dar fin a estas creencias con el propósito de crear nuevas vidas más placenteras y obtener mejoras en la vida actual.

A continuación, presento una lista de situaciones en las que he aplicado CEYS y que, por supuesto, se seguirá ampliando con la práctica:

- Problemas de salud de todo tipo: cáncer, tumores, anorexia, bulimia, intestino irritable, gastritis, esclerosis múltiple, alopecia, alergias, infertilidad, abortos, problemas respiratorios y de columna, glaucomas, enfermedades autoinmunes, bipolaridad, crisis de pánico, problemas sexuales, adicciones, claustrofobia, miedo a morir, problemas de tiroides, dolor físico, frigidez, impotencia, hipertensión, distrofia muscular, leucemia, lupus, asma, artritis, artrosis.

- Problemas financieros, laborales y de liderazgo: emprendimientos, vocación, energía laboral, ventas, compras, litigios.

- Problemas de autoestima y autoimagen: sobrepeso o delgadez extrema, falta de confianza o de seguridad, soledad, abandono, resentimientos, celos, depresión, procrastinación, dificultad con los idiomas, fobias, sentimiento de no merecimiento, timidez, fatiga crónica, ansiedad, perfeccionismo, falta de propósito, dificultad para comunicarse, problemas de autoridad, sumisión, agresividad, impuntualidad, promiscuidad, duelo, desmotivación, cleptomanía y deshonestidad.

- Problemas de relaciones: conflictos entre familiares, parejas, exparejas, amigos, enemigos, compañeros de trabajo, grupos sociales, vecinos y hasta gobiernos.

- Dificultades en la toma de decisiones y cambios, así como en legalizaciones.

- Problemas relacionados con entidades parasitarias, espíritus de bajo astral, brujerías, pactos o maldiciones.

El próximo capítulo lo dedicaré a explicar un grupo de estas terapias realizadas.

CAPÍTULO 4

CASOS

En este apartado ofreceré una serie de casos que ilustran cómo funciona CEYS. La descripción de cada sesión tiene un fin informativo y proporciona una visión general de esta terapia sin intención de servir como guía de enseñanza, ya que se obvian algunos pasos que se requieren hacer al momento de su aplicación. Es importante que el lector no intente realizar CEYS sin contar con la preparación y certificación necesarias, las cuales incluyen habilidades para manejar casos complejos y posibles presencias de entidades de bajo astral que a veces se presentan por ser causa de situaciones en la vida de la persona, entre otras circunstancias.

Los casos seleccionados no siguen un orden temporal; han sido elegidos al azar como ejemplos prácticos, y en ellos, los nombres reales han sido cambiados para proteger la identidad de los pacientes.

CASO 1: DINERO

José me solicitó una sesión porque quería sanar las trabas que le impedían tener una relación fluida con el dinero. Aunque trabajaba y emprendía, no lograba resultados satisfactorios. Como vendedor, sentía que había desarrollado las habilidades necesarias y daba lo mejor de sí mismo, pero no obtenía lo que esperaba.

La terapia CEYS se puede realizar de forma presencial o a distancia (por Zoom o alguna otra plataforma similar). En este caso, la hicimos por Zoom. Una vez cumplidos los pasos iniciales, guié a José para que se conectara con la energía del dinero tal como se estaba manifestando en su vida. José vio en su mente la figura de un hombre que no lo miraba, lo cual indicaba que la energía del dinero no estaba en conexión con él en ese momento de su vida.

Durante la sesión, guío a la persona en cada paso. En el caso de José, le fui indicando qué preguntas debía hacer y él, en contacto con la energía, recibía las respuestas. Así comenzó el diálogo:

JOSÉ.— ¿Por qué no me miras?
ENERGÍA.— No te mereces que te mire.
JOSÉ.— ¿Por qué no me lo merezco?
ENERGÍA.— Porque eres un ser inferior.
JOSÉ.— ¿Por qué dices que soy un ser inferior?
ENERGÍA.— Eres poca cosa.

En este punto, conecté a José con la información que le transmitía la energía y lo llevé a hacer contacto con la causa de esa aseveración. El problema se encontraba en una vida paralela donde José era una joven que limpiaba el piso, por lo cual se sentía triste y poco valiosa. Esta escena ocurría en la Edad Media y la chica era una esclava. Entonces, hice que José, como su *yo futuro*, hablara con ella para obtener más información sobre su situación. Descubrimos que ella había sido capturada durante un saqueo en su comarca, llevada a caballo y tomada como esclava.

En ocasiones, en las sesiones de CEYS, solicito la ayuda de maestros como Jesús, Saint Germain, la madre María o Merlín, según lo que estemos trabajando. En este caso, el maestro Jesús nos brindó su asistencia al aparecer junto a la joven esclava y ayudarla a salir de su situación. Después de calmar su dolor y abrazarla, la liberó de su esclavitud y nos permitió verla libre y sonriente. Antes de marcharse, le dijo: «Recuerda siempre que eres muy valiosa». José también habló con la joven, guiado por mí, y reforzó sus sentimientos de valía para luego despedirse.

Al volver José a su espacio-tiempo actual, pedí que se presentara de nuevo el hombre que él había visto al inicio, es decir, la energía del dinero en su vida. Esta vez, el hombre lo miró de frente. Indiqué a José que le preguntara si podía abrazarlo y el hombre (la energía) le extendió los brazos. Este cambio de actitud era señal de que el conflicto estaba en proceso de sanación.

Luego, le dije a José que el hombre se iba a alejar y le pedí que observase cómo se sentía al verlo alejarse. Esto me permite evaluar el grado de apego del paciente hacia la energía —en este caso, del dinero— para determinar si es necesario sanar este aspecto también, puesto que el apego hacia algo es temor de no tenerlo y esto, más bien, nos aleja de tenerlo. Cuando el hombre se alejó, José sintió malestar y resistencia, lo que me llevó a explorar el origen de esa resistencia. Entró entonces en otra vida paralela, la de su pasado en esta vida como José; allí, tenía siete años y sus padres se estaban separando. José, en ese momento, sentía un profundo dolor y miedo a la separación de sus padres, y en especial a la partida de su padre.

Utilicé las herramientas de abordaje emocional que deben usarse al hacer regresiones para que José liberara todo el dolor y el miedo del niño, así como el patrón de separación y abandono. Al llevarlo de nuevo al momento presente, esta vez fue capaz de ver al hombre alejarse sin sentir apego ni temor, lo cual indicaba que se había sanado su relación con la energía del dinero.

La sesión duró aproximadamente una hora. A partir de entonces, José empezó a experimentar buenos resultados en sus ventas y una mejora en su prosperidad económica. La causa de su problema radicaba en su conexión energética con la vida paralela de la joven esclava, cuya baja autoestima influía en su subconsciente y proyectaba en su vida una relación negativa con la energía del dinero.

CASO 2: RELACIONES DE PAREJA

Sandra, de 38 años, me contactó porque no lograba tener relaciones de pareja satisfactorias. Con profunda tristeza, me contó que, a pesar de dar lo mejor de sí, sus relaciones siempre acababan en conflicto y finalmente se rompían.

En este caso, puse a Sandra en contacto con la energía de las relaciones de pareja en su vida. Se le presentó la imagen de un hombre que la miraba con miedo y se alejaba. Le pedí que le preguntara por qué le temía y la energía le respondió: «Porque eres muy cruel». Al preguntarle por qué la consideraba cruel, contestó: «Disfrutas de lo que es mío». Con esta información, llevé a Sandra al origen de esa situación y pudo conectar con una vida paralela. Vio a un hombre alto y hostil que recibía los reclamos de un grupo de personas. Sandra descubrió que aquellos que reclamaban eran sus hermanos, quienes le reprochaban que no los dejaba usar el dinero heredado de sus padres y los controlaba de manera autoritaria.

Establecí un diálogo entre Sandra y el hombre, mediante el cual pude darme cuenta de que él era un *yo paralelo* de ella. Le pedí que le preguntara por qué se comportaba de esa manera con ellos, a lo que el hombre contestó: «Porque son unos ineptos e inútiles». Guie a Sandra para que le hablara de las consecuencias de su arrogancia y le dijese: «Está mal que te comportes de esa manera y te creas superior a ellos». Pero el hombre siguió con su arrogancia y le contestó: «¿Mal por qué? Son unos inútiles y les he dejado en claro que aquí mando yo». Guie nuevamente a Sandra a decirle que nada le daba derecho a tratarlos así y que su actitud arrogante le traería problemas. Sin embargo, el hombre se mantuvo con la misma actitud; le dijo: «Tonterías». Por ello, me pareció apropiado hacerle una progresión al futuro para que viera por sí mismo las consecuencias de sus acciones. A través de Sandra, él pudo ver dos líneas de tiempo diferentes: en la primera, conservando la misma actitud, se veía en la vejez, solo y sin recursos; en la segunda, cambiando a una actitud humilde y cordial, se veía rodeado de personas queridas y tenía prosperidad. Esto lo llevó a recapacitar y dijo, con sinceridad, que cambiaría su actitud. Sandra se despidió de él con un abrazo.

Posteriormente, al pedirle nuevamente a la energía de las relaciones de pareja en la vida de Sandra que se presentara, apareció el hombre inicial sin temor y con una sonrisa. Le permitió abrazarlo y Sandra se sintió tranquila, lo cual indicaba que había sanado la energía de sus relaciones de pareja. Hice el chequeo sobre el apego, de manera similar al caso 1, y Sandra se sintió tranquila, lo que me señaló que podíamos concluir la sesión.

Cuando actuamos sobre una vida paralela respetamos siempre el libre albedrío y empleamos amor y buen juicio. La progresión a futuro resulta útil en casos como este, pues permite al *yo paralelo* comprender las consecuencias de sus decisiones.

Mientras recibía información de mi maestro interno y del maestro Jesús sobre esta terapia cuántica, pregunté qué siente el *yo paralelo* durante estos diálogos. La respuesta fue que ellos perciben nuestra comunicación a nivel mental como una voz interna que revela verdades, similar a cuando nosotros recibimos inspiración o un mensaje telepático.

CASO 3: PONER LÍMITES

Amelia es una mujer que había perdido a su padre hacía veintidós años. Aunque es la menor de tres hermanos, asumió el rol de proveedora en la vida de su madre y sus hermanos mayores. Trabajaba en bienes raíces y tenía buenos ingresos, pero sentía el peso de tener que resolver las necesidades económicas de su familia, quienes se habían acomodado a esta situación. Amelia, siendo ya todos adultos, intentaba poner límites sin éxito y sospechaba que esta carga emocional estaba relacionada con la aparición de nódulos en sus senos.

En la sesión de CEYS exploramos la energía relacionada con esta autoimposición de responsabilidades. En ella, apareció la imagen de una mujer sobrecargada que comenzó a llorar, al igual que Amelia, quien se conectó emocionalmente con esa figura. La llevé al origen de esta situación y Amelia se vio en el vientre materno, durante una conversación entre sus padres: la madre le anunciaba al padre que estaba embarazada, lo cual le molestó, ya que la familia atravesaba dificultades económicas. Amelia, aún en el vientre, percibió este malestar y se culpó por el conflicto. La madre sintió que el padre no la comprendía, por lo que Amelia sintió pesar y se comprometió internamente a «ayudar» a su madre.

Este acuerdo prenatal, impulsado por la culpa, quedó grabado en su subconsciente y la impulsó a cumplir con un compromiso de ayuda hacia su madre, a asumir responsabilidades que no le correspondían. Durante la sesión, guie a Amelia para que liberara este sentimiento de culpa y se deshiciera de esa carga autoimpuesta. Como resultado, Amelia comenzó a establecer límites firmes, ya sin ceder ante las manipulaciones de otros. Acordó brindar ayuda a su madre solo cuando lo sintiera adecuado; así, permitiría que la madre asumiera sus propias responsabilidades y dejara de depender de ella.

Estos acuerdos inconscientes son comunes y se encargan de dirigir comportamientos que las personas no desean, lo que las hace ceder una y otra vez.

CASO 4: PROBLEMA VISUAL

Marta acudió a la sesión porque experimentaba visión borrosa en su ojo derecho, a pesar de haber obtenido resultados médicos normales. Al iniciar la sesión, hice los pasos para que pudiera conectar con la energía de su ojo derecho, que apareció en forma de un hombre que le decía: «No me interesa mirarte». Hice que le preguntara la razón; a lo que él contestó: «No es importante mirarte». Con esta información llevé a Marta hacia atrás en el tiempo buscando la raíz del problema. Esta tenía que ver con su exesposo, de quien se había separado porque le había sido infiel. Este evento le había provocado una fuerte sensación de desvalorización y rechazo, sentimientos que se reflejaban en su ojo derecho y hacían que no quisiera ver. A través de la línea temporal, moví a Marta para buscar el origen del sentimiento de rechazo y apareció una escena de cuando tenía trece años. Era en la escuela y un niño que le gustaba le dijo «eres fea», lo que provocó en ella vergüenza y dolor. Di el tiempo suficiente para que Marta liberara toda esa carga y la puse nuevamente en contacto con la energía de su ojo derecho. Se presentó nuevamente el hombre, pero ahora mirándola con indiferencia y le dijo: «No eres importante».

Con esta información, llevé a Marta a la vida paralela donde había causas del problema de visión. Apareció una niña huérfana como de tres años de edad, quien estaba al cuidado de una tía que no tenía tiempo para atenderla. La niña se sentía triste y poco importante. Le pedí a la madre María que se presentara y enseguida intervino abrazando tiernamente a la niña, llenándola de amor a la vez que le decía que ella era muy importante. El semblante de la niña cambió de inmediato y, de esa manera, la línea de tiempo de esa vida paralela fue cambiada: la niña empezó a ver a la tía atendiéndola con amor y dedicación. Al regresar a Marta nuevamente a su espacio-tiempo, el resultado fue que el hombre que representaba la energía de su ojo derecho pasó de mirarla con indiferencia a sonreírle, abrazarla y decirle: «Eres muy importante y me gusta mirarte».

El problema de la visión borrosa de Marta tenía que ver con su *yo paralelo*; su sensación de no ser mirada ni tomada en cuenta se estaba proyectando en su vida actual principalmente en la figura masculina, a saber: el niño en el colegio y su exesposo. La situación se detonó en su ojo derecho al descubrir la infidelidad del esposo. Tras la sesión, la visión de Marta mejoró considerablemente.

CASO 5: GASTRITIS

Raiza buscó ayuda en la sesión debido a una gastritis recurrente. Las afecciones digestivas suelen estar relacionadas con emociones de ansiedad o miedo, y en su caso, el trabajo energético en la sesión reveló una figura femenina enojada que le decía: «Aléjate de mi marido». Al profundizar, surgió la información de que Raiza formaba parte de un triángulo amoroso al ser la amante de un hombre casado. La tensión y deshonestidad de esta situación se acumulaban en su estómago en forma de angustia y luego se manifestaban como gastritis. Durante la sesión, esta energía de miedo e incertidumbre se liberó en forma de vómito, lo que generó una mejora inmediata en la condición física de Raiza. Al final, la energía de su estómago se presentó como una figura femenina sonriente que la abrazó y Raiza le pidió perdón a su cuerpo por someterlo a esa carga emocional.

Parecerá sorprendente, pero solo con esa sesión Raiza sanó completamente y de inmediato su gastritis.

Para profundizar en las razones de su atracción hacia relaciones difíciles, como la que había establecido con ese hombre casado al involucrarse en un triángulo amoroso por tanto tiempo, propuse a Raiza explorar su energía de pareja en una sesión posterior.

En esa siguiente sesión, la energía se le manifestó como una figura femenina que expresaba tristeza y le decía: «Él no me quiere; no soy importante para él». Al retroceder en la línea temporal, encontramos la raíz en una vida paralela: una adolescente mirando una foto de su padre, quien la había abandonado cuando era pequeña y la dejó con un profundo sentimiento de desvalorización. Entablé un diálogo entre Raiza y la adolescente. La chica le dijo: «Él se fue con otra mujer cuando yo era una niña; dejó a mi mamá, nos abandonó». Hice que Raiza le dijera que no estuviera triste porque no estaba sola, que siempre la rodeaban muchos ángeles y que ella era su yo del futuro que había ido hasta allí para decirle lo mucho que la amaba. Raiza lo hizo y la abrazó. Seguidamente, guie a Raiza a entregarle al Espíritu Santo la creencia que se había formado por aquella experiencia en la vida de ambas, y así lo hizo. Después de esta sesión, Raiza terminó la relación con el hombre casado sin sentir apego alguno y, tiempo después, conoció a alguien con quien formó una relación estable y feliz que se concretó en matrimonio.

Lo que ocurría en Raiza era que en aquella vida paralela la chica sufría el abandono de su padre y perpetuaba la energía del abandono del hombre, tanto en su vida como en la de Raiza. Por esta razón, ella escogía hombres que la abandonaban o que estaban casados, lo que le hacía sentir su falta de disponibilidad y abandono en los momentos importantes.

CASO 6: PROBLEMA LABORAL Y DINERO

Eduardo es un hombre de mediana edad, latino, inmigrante en los EE. UU., quien me contactó para trabajar la energía del dinero ya que, aunque es inteligente y está formado como ingeniero informático, no le estaba resultando fácil prosperar económicamente. En cada empleo que conseguía, pese a que le decían que hacía todo bien, no recibía el reconocimiento monetario ni la permanencia que esperaba.

Después de iniciar los pasos de CEYS, conecté a Eduardo con la energía del dinero en su vida. Esta energía se le presentó como un hombre vestido de monje que lo miraba y se reía sarcásticamente. Eduardo le preguntó: «¿Por qué te ríes sarcásticamente?», y el monje respondió: «Porque eres un tonto; siempre estás pendiente de curar los problemas de los demás en vez de los tuyos». Con esta información, guie a Eduardo en su línea temporal y emergió una situación de su pasado en esta vida, de la época en la que trabajaba en una empresa donde lo contrataron para mejorar un proceso. Eduardo hizo su trabajo tan bien que lo felicitaron, pero le dijeron que ya no era necesario, pues había automatizado el puesto hasta el punto en que ya no se requerían empleados.

Además de esto, le pagaron poco. Luego, apareció otra situación de su pasado en esta vida, de cuando era joven y trabajaba en el negocio familiar. Eduardo se esforzaba para que todo funcionara de la mejor manera posible pero, aunque esperaba reconocimiento y valoración, no los obtenía.

Regresamos al monje, quien hizo énfasis en el empeño que Eduardo ponía en el bienestar de los demás, fuera en el negocio de sus padres o en las empresas donde había trabajado. Esto se debía a un desequilibrio que había experimentado en una vida pasada en la que era monje, y en la que cayó en una dinámica de dar sin recibir. En aquella vida, creía que su papel era ayudar a los demás y vivir en limitación. En la Edad Media era común que los monjes hicieran votos de pobreza y servicio bajo la idea de que esto los acercaba a Dios y les permitía avanzar espiritualmente.

Eduardo comprendió la raíz de su problema y, con ayuda del supraconsciente, fue diluido en su subconsciente este programa que actuaba en su área laboral en detrimento suyo y en beneficio de otros. Así fue como Eduardo comenzó a recibir reconocimiento y, finalmente, consiguió un trabajo bien remunerado.

CASO 7: DINERO Y NEGOCIOS

Néstor y Gisela son una pareja; ellos me contactaron para sanar su relación con la energía del dinero. Trabajaban juntos en negocios, pero las cosas iban de mal en peor; ninguno lograba cerrar contratos ni prosperar, y lo poco que ganaban se les iba en imprevistos recurrentes: se les dañaba el carro, algo importante en la casa se estropeaba, y así sucesivamente, por lo cual acumulaban más deudas que ingresos.

Iniciamos con una sesión para Néstor. Establecí una conexión entre él y la energía del dinero y, entonces, se presentó un hombre con sombrero negro y actitud de villano, quien lo miraba con malicia. Lo guie a preguntarle por qué se le mostraba de esa manera, tras lo cual la sesión tomó el siguiente curso:

NÉSTOR.— ¿Por qué te presentas de esa manera?
EL HOMBRE.— Tú eres un ladrón. No lo mereces.
NÉSTOR.— ¿Por qué dices que soy un ladrón?
EL HOMBRE.— Engañas y te quedas con lo que no es tuyo.

Hasta aquí, el hombre (la energía) nos dio suficientes pistas. Néstor no era un ladrón en su vida actual, pero ¿y en otras vidas? Le pedí a Néstor que tomara la frase dada por el hombre y lo llevé a la vida en cuestión. Apareció la imagen de un hombre bien vestido, con un maletín y documentos sobre una mesa. Néstor vio que se trataba de un abogado que, mediante engaños, despojaba a las personas de sus tierras.

Hice que Néstor se pusiera en contacto con su *yo paralelo* y le señalé que siguiera este diálogo:

NÉSTOR.— Escúchame. Quiero hablar contigo.
EL ABOGADO.— ¿Quién eres? ¿Qué quieres?
NÉSTOR.— No está bien lo que haces; les estás robando sus tierras a esas personas.
EL ABOGADO.— ¿Y a ti qué te importa? Yo hago lo que quiero.
NÉSTOR.— Lo que haces te perjudicará.
EL ABOGADO.— ¿Por qué dices eso?
NÉSTOR.— Porque todo es energía, y de la energía nadie se burla. Lo que damos, recibimos. ¿Entiendes?
EL ABOGADO.— Tengo amigos importantes; nada me pasará.

En ese momento, intervine directamente e hice una progresión en la línea de tiempo del abogado para que viera su futuro si seguía con esa actitud de robar. Tanto el abogado como Néstor pudieron ver el desplazamiento temporal. Le pedí a Néstor que describiera lo que veía en el futuro, Néstor dijo: «Está arruinado, perdió todo su dinero, es viejo, está solo, enfermo y amargado».

NÉSTOR.— ¿Te gusta lo que ves? El abogado rompió en llanto, pues entendió las consecuencias de sus actos.

A continuación, le hice otra progresión a futuro, pero en esta ocasión asumiendo que dejaría de despojar a las personas y se convertiría en un hombre justo y ético. En esta línea de tiempo se vio satisfecho, en una edad avanzada, con prosperidad, feliz y acompañado.

NÉSTOR.— ¿Entendiste?
EL ABOGADO.— Sí, totalmente.
NÉSTOR.— Entonces no lo olvides; devuelve lo que no es tuyo y no lo vuelvas a hacer.

Néstor lo abrazó y se despidió.

Cuando Néstor regresó a su espacio-tiempo, pedí nuevamente que se manifestara la energía del dinero en su vida. Esta vez apareció un hombre de medio lado, sin mirarlo.

NÉSTOR.— ¿Por qué no me miras?
EL HOMBRE.— Porque no lo mereces.
NÉSTOR.— ¿Por qué dices que no lo merezco?

EL HOMBRE.— Porque vienes de una familia pobre y siempre serás pobre.

Con esta información, llevé a Néstor a una vida paralela vinculada a ese sentimiento. Era un momento de su vida actual como Néstor, cuando cumplía dieciocho años y quería que su padre le regalara un viaje. Su padre le explicó que eran pobres y que, por ello, no podía darle ese tipo de regalos. Néstor sintió una gran tristeza y grabó la creencia de que nunca tendría lo que otros podían adquirir. Lo ayudé a liberar toda la carga emocional de aquel momento y a deshacer el postulado de que nunca podría obtener dinero ni lo que deseara.

Nuevamente puse a Néstor en contacto con la energía del hombre, que esta vez se mostró amigable y sonriente.

NÉSTOR.— ¿Te puedo abrazar?

El hombre le dijo que sí. Ambos se abrazaron y reafirmaron un vínculo sano y satisfactorio.

NÉSTOR.— ¿Ya sané lo que tenía que sanar para que fluyas abundantemente en mi vida?
EL HOMBRE.— Sí.

Así quedó sanada la energía del dinero en el caso de Néstor. Sin embargo, como trabajaba en sociedad con Gisela, fue necesario atenderla a ella también. En una sociedad, si uno de los integrantes no está bien alineado con la energía de la que se trate, perjudicará el resultado del equipo. Por eso es importante escoger bien nuestras asociaciones de cualquier tipo.

Gisela también tenía patrones antiéticos en vidas paralelas. Los detectamos en la sesión y los reestructuramos.

Empecé conectándola con su energía del dinero, la cual se presentó como una mujer bien vestida que la miraba con arrogancia.

GISELA.— ¿Por qué me miras con arrogancia?
LA MUJER.— Porque tú eres así: arrogante.
GISELA.— ¿Cuándo soy así de arrogante?

La mujer la miró de arriba abajo y no dijo nada.

Le pedí a Gisela que tomara la frase «Soy arrogante». Luego, la llevé al momento relacionado. Entró en una vida paralela donde vio a una mujer de mediana edad, elegante y rica, que miraba a los demás por encima del hombro. Gisela y la mujer intercambiaron palabras. Su diálogo fluyó así:

GISELA.— ¿Por qué eres tan arrogante?
LA MUJER.— Porque el dinero me da poder y me hace mejor que los demás.
GISELA.— ¿De verdad crees que te hace mejor?
LA MUJER.— Claro que sí. Ellos no tienen lo que yo tengo.
GISELA.— No es cierto que seas más que ellos, todos somos por igual hijos de Dios.
LA MUJER.— ¡Tonterías! ¿Quién eres tú?
GISELA.— Yo soy tu yo del futuro, y he venido a ayudarte.
LA MUJER.— ¿Ayudarme, dices? Yo no necesito ninguna ayuda. ¿Acaso no ves que lo tengo todo? Mi marido me lo ha dado todo.
GISELA.— ¿Qué hace tu marido?, ¿de dónde obtiene el dinero?
LA MUJER.— Es un hombre importante del Gobierno, tiene negocios y contactos.
GISELA.— ¿Esos negocios son lícitos?
LA MUJER.— Bueno, no todos son tan lícitos, pero ¡eso no importa!

Gisela le explicó que el hecho de obtener dinero de negocios ilícitos le traería consecuencias negativas y se lo mostramos haciéndole una progresión a futuro en dos líneas de tiempo diferentes. La primera fue en su línea actual; allí, vio que ocurría una revuelta contra el Gobierno y la gente enfurecida arremetía contra su esposo y contra ella. Además de ver sus bienes saqueados, él moría y ella quedaba sin nada, por lo que debía vivir de la caridad de las personas, humillada, aprendiendo lecciones de humildad. En la segunda progresión se suponía que ella cambiaba su actitud, dejaba de ser arrogante e intervenía para que su esposo dejara de hacer negocios ilícitos y buscase una actividad productiva dentro de la ética. En esta opción, la mujer se vio alegre trabajando como costurera mientras el esposo hacía pequeños negocios con ética que le permitían a ambos una vida holgada desde el punto de vista económico. Viendo esto, la mujer tuvo claridad mental sobre lo que estaba haciendo y agradeció a Gisela prometiéndole cambiar su actitud.

Traje a Gisela a su espacio-tiempo y la conecté nuevamente con la energía del dinero en su vida. Esta vez se le presentó como una mujer que la miraba de reojo y con desconfianza

GISELA.— ¿Por qué no me miras de frente y tienes desconfianza?
LA MUJER.— Porque tú no tienes la confianza necesaria para que yo te vea.

Con esa información llevé a Gisela a la vida paralela relacionada, en la que apareció una chica joven arrodillada en el piso, limpiando unas escaleras, cansada y triste. Hice que Gisela dialogara con ella y la situación se desarrolló como sigue:

GISELA.— ¿Por qué estás triste?
LA CHICA.— Porque no sé hacer nada y estoy cansada de limpiar y limpiar para obtener tan poca paga —dijo esto y se echó a llorar.

Gisela le explicó que podía aprender a hacer otra cosa que le gustara y pudiera vender. La chica le dijo que hacía dulces y trataba de venderlos, pero no lograba que se los compraran. Gisela le explicó que el problema era que no lo hacía con la actitud correcta, razón por la cual la motivó a hacerlo con la confianza en que sí lograría venderlos; le explicó que debía hacerlo con alegría y que esa energía le abriría el camino. La chica le entendió y se puso en acción, esperanzada.

Una vez que Gisela estuvo en su espacio-tiempo nuevamente, la conecté con la energía del dinero en su vida, y la energía se le presentó en forma de una mujer que la miraba de frente con los brazos abiertos. Ambas se abrazaron y bailaron con alegría. Esto me indicó la sanación de la energía del dinero en la vida de Gisela. Gisela y Néstor sanaron sus bloqueos energéticos con el dinero y, desde ese momento, su negocio comenzó a prosperar. Cerraron contratos importantes y empezaron a experimentar una estabilidad económica que no habían logrado antes. Aprendieron que la energía del dinero responde a nuestras creencias y actitudes. Al alinear sus energías de manera positiva, pudieron transformar su relación con la abundancia.

CASO 8: MIEDO A ENCARNAR EN LA TIERRA

Marlene es una mujer que me contactó para una sesión. A pesar de considerarse afortunada y de haber logrado en la vida todo lo que se había propuesto —un buen marido, amistades, estabilidad económica y más—, me comentó que sentía un vacío que nada parecía llenar. Experimentaba una tristeza profunda, sin causa aparente ni alivio, y describía su estado como fragmentado y lleno de miedo.

Después de escucharla, comprendí que lo que Marlene sentía era el dolor del alma producto de la sensación de separación de la fuente del Padre que nos creó; el vacío existencial que siente todo ser humano y que lo lleva a buscar la felicidad fuera de sí mismo, creyendo que la encontrará en el éxito, la fama, la pareja ideal, el dinero o los placeres. Sin embargo, ninguna de estas cosas puede llenar ese vacío, porque solo el amor del Padre puede hacerlo.

Durante la sesión de CEYS conecté a Marlene con esta energía, tras lo cual apareció una mujer que le dijo: «Perdóname:

yo no quería hacerte daño». La llevé a una vida paralela relacionada donde se vio a sí misma con cuatro años de edad, en medio del terremoto de Caracas de 1967. Estaba angustiada, llena de miedo y desorientada, hasta que su hermana apareció y la llevó en brazos. La llevé aún más atrás, a un momento en el vientre materno; sentía incomodidad, miedo y tristeza, y no quería nacer en este mundo. Luego la guie hasta un momento previo a la encarnación, en estado espiritual, donde se veía feliz, en paz y tranquila. En ese punto, comenzó a sentir angustia y miedo al darse cuenta de que debía encarnar, aunque no quería hacerlo.

La sesión continuó de esta manera:

YO.— ¿Por qué tienes que encarnar?
MARLENE.— No quiero, pero debo hacerlo.
YO.— ¿Por qué crees que debes hacerlo?
MARLENE.— Siento culpa, porque en mi vida pasada fui déspota y poco empática. Hay un ser aquí que me dice que debo encarnar para tratar bien a las personas que traté mal, pero tengo mucho miedo. Sé lo que es bajar allí y no quiero.
YO.— Dile a ese ser que está allí que no quieres encarnar, que quieres quedarte en este lugar. Pregúntale cuál sería el problema si no encarnas.
MARLENE.— Dice que debo hacerlo o me sentiré mal por no enmendar el daño que hice.

YO.— Pero estabas feliz y tranquila en este lugar antes de pensar en encarnar, así que no es verdad que te sentirás mal.
MARLENE.— Exacto: aquí siento mucha paz. No quiero bajar, pero él insiste.
YO.— Ese ser que está contigo, por más bonito que se vea, está disfrazado y quiere engañarte para que vuelvas a encarnar, así que usa la culpa para manipularte. Repite conmigo: «Me perdono cualquier comportamiento que haya tenido, pues actué bajo el programa del ego. Esa no soy realmente yo. Soy un fractal de Dios Padre, soy amor, soy un ser noble, y no tengo culpa alguna».

Marlene repitió mis palabras con convicción y sinceridad.

YO: Ahora di: «Me libero de cualquier pensamiento de culpa, porque soy un ser libre y decido bajar llena del amor de Dios, no para remediar nada, sino para vivir amándome y amando. Tendré una vida feliz; no tengo ninguna deuda porque me he perdonado». Al decir esto, Marlene comentó que el ser había desaparecido. Entonces, le pedí que visualizara su descenso al vientre de su madre en una nueva línea de tiempo en la que todo estaba bien y donde ella estaba llena de amor.

MARLENE.— Allí estoy. Me siento muy feliz. Estoy naciendo; mi mamá me recibe, me abraza con mucho amor;

y mi papá también está allí. Marlene se iluminó, sonriente, y lloró de gozo.

YO.— Esta es tu línea de tiempo activa. Vas a vivir una vida llena de plenitud y felicidad. Al terminar la sesión, Marlene renació con un sentimiento de dicha y alegría. Explico ahora que existen siete planos de consciencia y energía. Las almas bajan una y otra vez a este plano físico, el plano 1, muchas veces engañadas por seres que se encuentran en el plano 3, también llamado «plano de la luz». Este no es un plano elevado; los planos verdaderamente altos y donde la vibración es de amor incondicional van del 5 al 7, que es donde se encuentran los verdaderos maestros ascendidos. Cuando un alma se desencarna del plano físico sin haber alcanzado el amor incondicional, su frecuencia de energía no supera el nivel 3. Al ver el túnel de luz, aquella se siente atraída hacia él creyendo que es su camino, cuando en realidad este solo lleva al plano 3.

En este plano 3 habitan espíritus que se disfrazan de seres de alta luz o de maestros amorosos y sabios, quienes hacen creer al desencarnado que debe volver a encarnar para reparar algo, cumplir una misión o pagar un karma. Estos espíritus no pueden obligar, pero utilizan el engaño y la manipulación para mantener a las almas en el ciclo de reencarnaciones en vez de permitirles perdonarse, comprender el juego y decidir libremente si desean regresar o no. En el caso de Marlene, ella conectó con el momento anterior a esta encarnación, y el ser que le decía que debía bajar era uno de estos espíritus manipuladores. A estos seres les conviene que las almas encarnen en el plano 1 porque se alimentan de las energías densas que produce el ser humano —como el dolor, la rabia, el odio, la tristeza y la frustración—, todas opuestas al amor incondicional, la paz y la alegría.

Dado que Marlene ya estaba encarnada, no podía inducirla a tomar la decisión de no bajar, pero sí replantear ese momento para que pudiera encarnar en otra línea de tiempo, ahora con la intención de estar rodeada de amor y de tener una vida feliz.

CASO 9: ADICCIÓN A FUMAR

Mireya es una mujer que había tenido adicción al alcohol y al cigarrillo durante más de veinticinco años. Participó en varios de mis cursos y pronto comenzó a mejorar sus emociones; ella estaba decidida a cambiar su vida. Un día me escribió para contarme que, al escuchar por Instagram uno de mis *lives* sobre el cambio de redes neuronales, aplicó lo aprendido y pudo dejar el alcohol definitivamente. Estaba muy contenta por este gran avance y deseaba también dejar de fumar, lo cual le resultaba más difícil. Por ello, le sugerí una sesión de terapia, y accedió.

Mireya tuvo una infancia difícil, en un hogar violento, con una madre maltratadora y un padre alcohólico y fumador. La conecté con la energía de su adicción al cigarrillo y se presentó la imagen de su papá fumando, distrayéndose, riendo tranquilo. Mireya se dio cuenta de que asociaba el cigarrillo con la imagen de su padre sonriente y relajado. En su subconsciente, el cigarrillo estaba vinculado al placer, la relajación e incluso al amor. Esto es común verlo en sesiones de adicciones: que la persona asocia el objeto de su adicción con sensaciones positivas.

Luego, conecté a Mireya con una situación hipotética en la que tenía muchas ganas de fumar, pero no podía hacerlo, lo que le generó una gran desesperación. La llevé al incidente relacionado con esa emoción y Mireya se encontró en una escena que vivió a los nueve años. En ella, sentía una gran angustia, porque su madre estaba por llegar a casa y el lugar estaba desordenado. Temía que su madre le pegara por el desorden que había hecho junto a su hermano. La ayudé a liberar su carga emocional respecto a este incidente, pero noté que debía llevarla más atrás. Entonces, entró en una escena en la que tenía alrededor de cinco meses y estaba en su cuna. Su madre la regañaba fuertemente y le pegaba, porque no quería tomar el biberón; la bebé estaba aterrada, llorando. El padre entró en la habitación; la madre dijo: «Esta muchacha del carajo que no quiere comer». Mireya sintió cierto alivio con la presencia de su padre en la habitación. La guie a liberar toda la carga emocional de ese momento. Luego, la regresé a la escena de los nueve años y el temor ya no estaba, pues la angustia en esa escena era una proyección de la energía del miedo grabada en la bebé. A continuación, la llevé a su espacio-tiempo actual.

Seguidamente, la conecté de nuevo con la energía de su adicción al cigarrillo y apareció la imagen de una mujer delgada, joven, vestida al estilo de los años 60, fumando alegremente junto a un carro y conversando con un hombre. Puse a Mireya en contacto con este yo del pasado y conversamos con ella. Le aconsejamos que no fumara, porque era dañino para su salud; la mujer lo aceptó tranquilamente, apagó el cigarrillo y expresó que no iba a fumar más. Mireya pudo ver que la mujer no estaba controlada por el hábito ni tenía adicción; simplemente fumaba por moda, así que no le fue difícil soltar el cigarrillo. Moví a Mireya en la línea temporal de la mujer para confirmar que en esa línea de tiempo había dejado de fumar definitivamente, lo cual comprobamos. Mireya y la mujer se despidieron; luego, la traje nuevamente a su espacio-tiempo.

Conecté a Mireya una vez más con la energía de su adicción al cigarrillo, tras lo cual apareció uno de sus tíos, quien había dejado el alcohol y el cigarrillo hacía veinte años. Él le expresó a Mireya su alegría por haber dejado de fumar. Se abrazaron y así concluimos la sesión.

Como resultado, Mireya dejó de fumar definitivamente. Ya han pasado años desde esa sesión.

CASO 10: VENTA DE UN EQUIPO ODONTOLÓGICO

Este es el caso de Mónica. Ella estudió y ejerció como odontóloga, pero hace algunos años decidió dedicarse a otra actividad. Tenía un equipo odontológico que le resultaba difícil vender, porque no encontraba comprador. Con problemas económicos, necesitaba venderlo, así que me pidió una sesión para abordar el asunto con CEYS.

Decidí trabajar primero con la energía del dinero en su vida y la guie para que hiciera esa conexión. La sesión se desarrolló de la siguiente forma:

MÓNICA.— Apareció una mujer; me mira enojada.
YO. — Pregúntale por qué está enojada.
MÓNICA.— Dice que no hago lo que me dice... Es mi madre. Me veo en sus brazos, ella me está amamantando, pero yo la rechazo; no quiero esa leche, no me gusta. Me mira de una forma muy dura y siento miedo.

Le pedí a Mónica que se enfocara en esa mirada y la llevé a una vida paralela relacionada con esta situación.

MÓNICA.— Estoy en una cueva con un grupo de personas y un hombre me golpea fuerte. Me grita y me sienta en unos troncos de madera obligándome a comer algo que no quiero. Soy una niña y no me gusta esa comida.

Puse a Mónica en comunicación con el hombre.

MÓNICA.— No tienes derecho a pegarle a la niña; si no quiere comer, busca algo diferente. Está cansada de lo mismo.

El hombre agachó la cabeza, entendiendo que no debía pegarle a la niña, pero le explicó a Mónica que no había otra cosa para comer. Llamé al maestro Jesús para que se presentara en ese lugar y ayudara al hombre. El maestro se le acercó, puso su mano sobre su hombro y lo calmó diciéndole que iba a ayudarlo, y que todo estaría bien. Jesús transformó su realidad y Mónica vio que la cueva desaparecía: ahora estaban en una pequeña casa con comida y un ambiente positivo.

Cuando invoco a algún maestro, el paciente también puede verlo e incluso abrazarlo, lo que resulta muy emocionante para ellos.

Después de lo anterior, regresé a Mónica a su espacio-tiempo y la conecté nuevamente con la energía del dinero en su vida. Esta vez, vio a su madre tranquila y sonriente y a un hombre alto, bien vestido, que le hizo una reverencia y la invitó a pasar a través de una puerta dorada. Mónica pasó y se encontró en un lugar lleno de oro, con paredes brillantes; sintió que las puertas de la prosperidad ahora estaban abiertas para ella.

En el presente, pedí la energía de su conexión con el equipo odontológico. Apareció su expareja, un hombre ya fallecido, regañándola por querer vender el equipo que él le había regalado. Le expresé a Mónica que explicara a su expareja que ya no deseaba ejercer la odontología y que, por ende, vender el equipo era necesario para su bienestar, puesto que la ayudaría a cerrar un ciclo. Ella siguió mis indicaciones y su exmarido le dio su permiso. Se abrazaron y se despidieron.

Pedí la energía de la venta del equipo. Luego, se presentó una mujer sonriente que le dijo a Mónica que le gustaba el equipo y que lo compraría. Poco después, Mónica pudo hacer la venta del equipo a un precio favorable.

CASO 11: NECESIDAD DE PERFECCIÓN

Andrea llegó a consulta cuando tenía veintiséis años. Estaba sumida en una profunda depresión y había intentado suicidarse dos veces. Su impulso obsesivo por la perfección, el orden y la limpieza había comenzado en su niñez y se agravaba en su vida laboral. La necesidad de que todo fuera perfecto no le permitía sentirse satisfecha ni con su propio trabajo ni con el de sus compañeros, lo que la llevaba a asumir más tareas de las necesarias y le generaba agotamiento físico y mental.

Iniciamos, pues, la sesión de CEYS. Conecté a Andrea con la energía de su perfeccionismo y la llevé a la vida origen del conflicto. En esta vida antigua, su *yo paralelo* era una mujer que trabajaba en una taberna sucia y desordenada, con clientes borrachos que la acosaban. Ella debía limpiar y poner todo en orden. Andrea percibía el desagrado de aquella mujer por ese ambiente. Establecí un diálogo entre Andrea y la mujer en el que Andrea le preguntó a esta por qué no dejaba ese trabajo y se iba de allí. La mujer le contestó que temía quedarse sin trabajo, pues tenía un hijo a quien mantener. Pedí asistencia al maestro Jesús para que interviniera y ayudara a la mujer. Él se presentó, la sacó de la taberna y la guio al bosque, donde le acarició el cabello y le dijo con ternura: «Todo estará bien. Sé libre como el viento; tienes muchas posibilidades». La mujer sintió una renovación y vio abrirse una puerta con un nuevo trabajo para ella, en el que sentiría más tranquila y feliz.

Le pedí a Andrea que preguntara al maestro cómo podía dejar de ser perfeccionista. Él respondió: «No lo puedes anular porque es tu virtud, pero has dejado que se convierta en tu enemigo; debes encontrar el equilibrio perfecto». Andrea lo comprendió.

Conectamos nuevamente con la energía de su perfeccionismo. Se presentó la figura de un hombre alto que la miró enojado y la regañó diciéndole: «Eres un desastre: todo tiene una forma de hacerse y no la cumples». Teniendo en cuenta esta información, la llevé a la escena relacionada. Se trataba de un episodio de su niñez en el que estaba ella con su padre usando ropa que le quedaba grande. La madre se quejó con el padre por vestirla de esa manera, por lo que Andrea sintió vergüenza y pena al sentirse inadecuada. Luego, Andrea se dirigió a otra escena en la que quería jugar con sus muñecas, pero no podía hacerlo porque su madre le prohibía desordenarlas; ni siquiera podía ordenarlas como ella quería, ya que debía hacerlo como la madre le indicaba, lo que la hacía sentir contrariada. Le pedí a la niña que ordenara las muñecas a su gusto, pero me insistió en que la madre se enojaría y la dejaría de querer, por lo que no podía. Le expliqué que podía hacerlo, que mamá lo entendería y poco a poco fue cediendo, soltando su miedo.

Finalmente pedí la presencia del hombre alto nuevamente, y apareció, esta vez sonriendo y diciéndole: «Eres perfecta tal como eres; aciertos y errores son parte de la vida, y todos los tienen». Andrea se sintió relajada y entendió. Allí concluimos la sesión.

Desde entonces, Andrea ha logrado reducir significativamente su necesidad de perfección, lo cual le ha permitido ser ella misma y estar más relajada frente a los errores. Hoy día, Andrea usa su perfeccionismo de manera equilibrada y positiva.

CASO 12: PROBLEMAS DE DINERO Y DE RELACIONES CON LA MISMA CAUSA

Katiuska es una mujer de treinta y cinco años que, al venir a mi consulta, me explicó que hasta ese entonces no había logrado una relación de pareja estable, a pesar de sus buenos atributos físicos y personales. Tampoco lograba que el dinero fluyera. Trabajaba de manera independiente como corredora inmobiliaria. Me contó que su padre era un hombre adinerado que la abandonó cuando ella estaba en el vientre materno y nunca intentó contactar con ella.

Además, dijo que solo atraía a hombres casados, y que sus relaciones siempre terminaban en conflicto y abandono. Ella sospechaba que ambas cosas —la dificultad para tener una buena relación de pareja y su problema con el dinero— estaban conectadas entre sí. Efectivamente, era así.

Comencé la primera sesión haciendo la conexión con su energía del dinero. De inmediato, Katiuska sintió dolor, empezó a llorar y me dijo que sentía miedo. Entró rápidamente en la oscuridad del vientre materno y empezó a decirme: «Me siento desprotegida; mamá está sola, mamá tiene rabia porque papá la abandonó y no quiere hacerse cargo del embarazo; estamos en la casa de la familia de mi papá; él dice que no se hará cargo de nada». Dejé que Katiuska drenara las emociones hasta que se sintiera más tranquila. Luego, entró en una escena en la que tenía cuatro o cinco años de edad y narró lo siguiente: «Fui con mi mamá a la casa de mi papá. Están en la sala mi papá, su hermano y su madre. Mi mamá les dice que él tiene que darme dinero porque soy su hija. La madre de mi papá le responde que, si quiere, me deje con ella. Yo no quiero, siento miedo, me quiero ir. Mi mamá me toma de la mano, le dice que no me va a dejar con ellos, y nos vamos».

En esta escena, Katiuska sentía miedo y rabia. Después apareció en su mente una escena en la que tenía seis años. Estaba triste y con rabia nuevamente al ver que su mamá la culpaba de la limitación económica que ambas sufrían. Durante la sesión decía: «No me quiere. Me siento derrotada, desprotegida». Me tomé el tiempo necesario para que Katiuska drenara y sanara esas memorias. Con la intervención del Espíritu Santo, limpiamos los programas.

Dejamos la primera sesión allí; Katiuska se sentía liberada emocionalmente pero, como es normal, también muy cansada físicamente.

En la segunda sesión, empecé haciendo nuevamente la conexión entre Katiuska y su energía del dinero; entonces, apareció esta en la forma de un hombre que no la miraba.

Katiuska le preguntó: «¿Por qué no me miras?». El hombre se convirtió en su papá y se mostró con una actitud de indiferencia hacia ella. Le pedí que lo mirara y la llevé a alguna vida paralela que tuviera conexión con su papá actual y esa actitud de él. Al poco tiempo, Katiuska comenzó a ver un pueblito de campesinos con carretas que vendían productos agrícolas en un pequeño mercado. Al parecer era Francia, en el año 1910, aproximadamente. Katiuska se identificó con una mujer, madre de familia; y al ver a su esposo en esa vida se dio cuenta de que era su papá en la vida actual. Vio que estaba muy enojada con él, ya que le había robado su dinero del negocio y se había marchado, abandonándola. Se vio a sí misma como esa campesina humilde, muy enojada y con sobrepeso. Vio cómo pasaba el tiempo y se sentía amargada y llena de odio hacia él.

La encaminé a perdonar a su esposo en esa vida por haberle robado y le expliqué que, en esta vida, ese hombre es su papá debido a un acuerdo de almas para resolver con amor ese conflicto. Sin embargo, el papá de Katiuska no ha tomado conciencia y sigue cometiendo el mismo error. Le expliqué que al perdonar él tendrá igualmente que resolver sus energías de causa y efecto, pero ella quedará libre de tales efectos. Sin embargo, como suele suceder, a su yo del pasado le resultaba difícil perdonar porque se sentía víctima. Por ello, la guie en un desplazamiento temporal hacia el pasado de aquella vida como campesina. Entonces, apareció una niña de unos siete años que tomaba dinero a escondidas de los bolsillos del pantalón de su papá. Esto mostró tanto al yo del pasado de Katiuska como a ella misma la causa de aquella experiencia de robo por parte del esposo. El proceso continuó de manera sencilla. A través de Katiuska, ayudé a la niña a tomar conciencia de que no debía hacer eso, puesto que bloquearía su prosperidad. La niña tomaba el dinero porque quería comprar dulces, así que le dimos dulces y le enseñamos que podía obtener todo lo que deseara si aprendía a pedir al universo. La niña entendió y dejó de robar al papá.

De este modo, ocurrió un cambio en la línea de tiempo del yo del pasado. Katiuska vio ahora a la niña no como una campesina pobre, sino trabajando con el papá, ya adulta, en una granja de ambos. Esto le dio a Katiuska el entendimiento de que el verdadero perdón que nos enseña el maestro Jesús en *Un curso de milagros* es la llave maestra, porque nos limpia a nosotros. Así pues, estuvo dispuesta a practicar el verdadero perdón hacia su papá. Aunque había intentado otros métodos de perdón hacia él, siempre lo veía como el culpable de la falta. Ahora, con el verdadero perdón, comprendía que somos nosotros quienes atraemos a nuestra vida a los personajes que representan las energías que están en nuestra consciencia. Así, la sesión continuó con Katiuska repitiendo y sintiendo en su corazón lo siguiente:

1. Yo te pido perdón, papá, por haberte puesto a jugar en mi vida el papel del hombre malo que me abandonó en esta vida y el de aquel que me robó en mi vida anterior. No eres culpable de nada; te libero.

2. Yo tampoco soy culpable; estas son proyecciones del ego.

3. Espíritu Santo, limpia estas energías y programas y haz que solo el amor de ser a ser que su alma y yo compartimos en el espíritu se manifieste aquí en el plano físico.

Volví a hacer la conexión de Katiuska con su energía del dinero y, luego del proceso, apareció ante ella una mujer sonriente que la miraba con dulzura. Ambas se abrazaron. Esto significó que la energía del dinero ya estaba en armonía para fluir en la vida de Katiuska. Adicionalmente, se le apareció el maestro Jesús, lo que la emocionó profundamente. Lo abrazó y se llenó de su amor.

Este es un ejemplo en el que dos o más bloqueos, en este caso el del dinero y la relación de pareja, pueden ser consecuencia de la misma causa.

CASO 13: NIÑA QUE SE COME LAS UÑAS

Patricia es una madre preocupada porque su hija Marcela, de doce años, se comía las uñas a diario, incluso las de los pies. Por este motivo, decidió concertar una cita conmigo para su hija.Para este caso fueron necesarias dos sesiones. Comencé la primera sesión poniendo a Marcela en contacto con la energía del deseo desmedido de comerse las uñas y, a la vez, con la prohibición de hacerlo, lo que generó en ella desesperación y frustración. Con esas emociones, la llevé atrás en el tiempo y apareció un incidente en el que tenía tres años y deseaba morder un juguete, pero sus padres no la dejaron hacerlo. La desesperación aumentó, así que decidí llevarla más atrás y apareció otra escena en la que era una bebé de alrededor de siete meses. Le picaban las encías, por lo que quería meterse algo en la boca. La bebé Marcela estaba en la etapa de salida de sus dientes y buscaba aliviar la molestia con algo. En su búsqueda de alivio, se metía las manos en la boca.

Trabajamos allí la descarga de ese impulso; y, una vez concluido, regresamos al presente. Luego de esta sesión, Marcela mejoró: dejó de comerse las uñas de los pies y disminuyó notablemente la conducta con las manos. Sin embargo, esta no había desaparecido por completo.

Realizamos una segunda sesión. En esta oportunidad, la energía se le mostró como una niña que quería comerse un dulce, pero cuyo deseo no era bien recibido por el padre, quien no se lo compró. Allí, realicé un trabajo para que cambiara esa línea de tiempo por una en la que el padre sí le compraba el dulce y la niña quedaba satisfecha.

Seguidamente, la llevé más atrás; entró en la etapa en la que sus padres discutían tanto que terminaron separándose. Debido a esto, Marcela tuvo que quedarse con la madre y separarse del padre, lo que le generó mucha angustia y ansiedad, algo que descargó en la sesión. Posteriormente, volvió a caer en la escena de la bebé que, queriendo aliviar la molestia en sus encías, se introducía las manos para rascarse la boca. Permití que pasara el tiempo adecuado para que liberara toda aquella necesidad de tener sus manos en la boca a fin de obtener algún tipo de alivio. Bajo mi guía, Marcela entregó al Espíritu Santo el programa que se había gestado y que la hacía comerse las uñas a diario.

CASO 14: RELACIÓN DIFÍCIL CON LA MADRE

Pilar era una mujer de cincuenta y seis años que quería trabajar la relación con su madre, ya que consideraba que esta era pésima. La salud de Pilar había estado seriamente afectada por varias operaciones de colon, debidas a infecciones y obstrucción intestinal. En una ocasión, presentó un cuadro de emergencia por tener la hemoglobina en valores muy bajos.

Pilar había tenido una infancia muy inestable. A la edad de apenas cinco años, su madre la envió desde Venezuela a Tenerife, a la casa de una tía, debido a la precaria situación económica que vivían, ya que eran muchos hermanos. Pilar se refirió con dolor a aquella etapa de separación de su madre, a estar en otro país, rodeada de otras personas, atravesando una adaptación difícil y con deseos de devolverse.

Luego de hacer los pasos iniciales de la terapia, la puse en contacto con la energía que fluía entre ella y su madre, y como resultado, se presentó la imagen de su madre enojada. Pilar, al ver a su madre con esa actitud, sintió mucho dolor y rabia. La moví a la línea de tiempo relacionada con esas emociones; entonces, apareció una escena en la que, a los ocho años, su primo la metió en una hamaca con él y le tocó sus partes íntimas. La niña sintió asco y molestia y quiso irse, pero el primo no la dejó. Por suerte, entró un adulto en la habitación y el primo la soltó. Con esa angustia por querer irse y no poder, la llevé más atrás, ya que, por mi experiencia con la terapia, sabía que eso tenía alguna relación con la madre.Efectivamente, Pilar entró en una escena de cuando tenía seis años y estaba en España. Allí, estando en la guardería, quería irse y, en efecto, se escapó. Al llegar a casa de la tía, esta la regañó con insultos y la regresó de nuevo a la guardería, lo que sembró en Pilar la sensación de no poder escapar, de tener que estar en un lugar en el que no quería estar. Una vez que agotó las emociones implicadas y sintió tranquilidad, la ayudé a entregar ese programa al Espíritu Santo, el programa de sentirse obligada a estar en un lugar o situación, queriendo o no. Continué la sesión haciendo que, nuevamente, se presentara la energía que fluía entre Pilar y su madre. En esta ocasión, apareció un hombre que la miraba con actitud desafiante.

PILAR.— ¿Por qué me miras desafiante?
EL HOMBRE.— Porque te portas mal.

Con esta frase, llevé a Pilar a la situación problemática. Apareció entonces una escena en la que tenía ocho años y estaba con su familia en un club. Ella quería dinero para comprar una chuchería, pero la madre no se lo dio. Entonces, la niña hizo un berrinche que evidenciaba un mal comportamiento y, como consecuencia, la madre le pegó y la regañó con firmeza, con lo cual le hizo sentir que era una niña que se portaba mal.

Limpiamos, con la ayuda del Espíritu Santo, el programa instalado en su subconsciente que le decía que se portaba mal. Luego, continuamos haciendo un nuevo contacto con la energía que fluía entre su madre y ella. Esta vez, apareció un hombre que, riéndose alegremente, le dijo: «Yo te cuido».

PILAR.— ¿Qué tienes que ver tú con la energía entre mi madre y yo? ¿Por qué me proteges de ella?
EL HOMBRE.— Para que no te haga daño.
PILAR.— ¿Por qué querría ella hacerme daño?

EL HOMBRE.— Porque has podido vivir lo que ella no ha podido.
PILAR.— ¿Cómo es eso?
EL HOMBRE.— Ella envidia el hecho de que tú no hayas tenido que vivir sometida a nadie.

Pilar sintió una energía densa y le pedí que se conectara con esta para llegar hasta la causa de su presencia. Tras esto, se vio a sí misma como una niña de seis años que decía estar durmiendo. De pronto, un hombre se acercó a su cama y le tapó la boca para que no gritara. Sintió mucho miedo y, como pudo, trató de mover los brazos y las piernas. Vio que el hombre tenía barba y escuchó al padre jugando dominó fuera de la habitación. A Pilar se le hizo difícil distinguir quién era el desconocido, pero el hombre que la protege apareció en escena y le dijo que era su tío. Como pudo, este protector la ayudó y Pilar pudo zafarse del tío, con lo que evitó mayores consecuencias. Así, agotó su miedo y se tranquilizó.

Seguí conectándola con la energía que fluía entre ella y su madre. En esta oportunidad, la energía tomó la forma de su madre en estado de enojo y desafío.

PILAR.— ¿Por qué estás enojada y con actitud de desafío hacia mí?
LA MADRE.— Yo te quiero a mi manera; eres mi hija.

Pilar se molestó y le hizo notar que sus actitudes no eran amor. La ayudé a entender que la energía le estaba mostrando que la madre es un alma joven en evolución que aún no sabe amar. Pilar lo entendió y, bajo mi guía, llenamos todo de amor y comprensión hacia su madre y hacia ella misma. Al nuevamente establecer conexión con la energía, esta se manifestó como un ángel de luz brillante. Allí concluimos la sesión. Pasada una semana, Pilar me escribió para contarme que en una reunión familiar se presentó el primo que la había metido en la hamaca. Me dijo que tenía veinticinco años sin verlo y, a pesar de lo sucedido, pudo sentirse tranquila. En cuanto a la madre, dejó de sentir malestar hacia ella; el sentimiento cambió a uno neutro.

Suele ocurrir que luego de que una persona trabaja un proceso se presenta lo que podemos llamar «el mensajero», que es una persona o suceso que pone a prueba la superación del conflicto o la sanación. Si la persona actúa de manera diferente, es muestra de que la sanación ha tenido lugar. En el caso de relaciones de pareja tóxicas, suele ocurrir que, una vez sanado el patrón, se conoce a alguien con el mismo esquema disfuncional del antiguo «verdugo» como prueba para ver si la persona cede nuevamente ante esa energía. Una vez que la persona no se engancha con ese tipo de energía, esta se aleja al no poder formar parte de la nueva línea de tiempo. Luego de esto, llega a la vida de la persona alguien nuevo que ya no vibra en el mismo patrón disfuncional.

CASO 15: PROBLEMAS DE ANSIEDAD Y PESADILLAS

Kelly, una chica de treinta y cinco años, me pidió una sesión de terapia porque había estado sufriendo ansiedad durante el día, cuando estaba en la calle, y porque de noche tenía pesadillas. Me comentó que no se sentía preocupada ni atemorizada por nada y que, por eso, no entendía la causa de esos episodios que de pronto se le presentaban ni de las pesadillas que estaba experimentando.

Primero, decidí conectarla mediante CEYS con la energía de sus episodios diurnos de ansiedad. Aquella se presentó con la forma de una mujer que la miraba con actitud desafiante.

KELLY.— ¿Por qué me miras desafiante?
LA MUJER.— Tienes que aprender.
KELLY.— ¿Qué tengo que aprender?
LA MUJER.— Tienes que aprender a bloquear las energías.
KELLY.— ¿Qué energías tengo que aprender a bloquear?

LA MUJER.— Las energías que se acumulan en los sitios donde hay mucha gente.
KELLY.— Ok, entiendo. ¿Y qué está causando mis pesadillas?
LA MUJER.— No es de esta vida.
KELLY.— Llévame a esa vida.

La mujer se marchó. Gracias a esta información, entendí que los episodios de ansiedad diurna de Kelly se debían a que ella absorbía las energías de las personas a su alrededor. Antes de concluir la sesión, le expliqué que debía protegerse metiéndose en una pirámide de color azul cada vez que sintiera que iba a exponerse a grupos de personas.

Continué, pues, con el tema de las pesadillas, por lo que conecté a Kelly con la energía de sus sueños inquietantes. En eso, apareció otra mujer que la miraba, como invitándola.

KELLY.— ¿A qué me estás invitando?
LA MUJER.— A una vida.
KELLY.— Llévame a esa vida.

Kelly empezó a ver una comunidad rural con muchas personas trabajando la tierra. Dijo que había mucha brisa y observó a una mujer joven que parecía estar perdida; se identificó con ella y me comentó que la chica miraba a un hombre calvo de barba que estaba trabajando. Le pedí que se conectara con ella, y así lo hizo, tras lo cual se dio cuenta de que la chica sentía mucho miedo y angustia por aquel hombre. De este modo dirigí el diálogo entre Kelly y su yo del pasado:

KELLY.— Quiero hablar contigo: he venido a ayudarte.

La chica estaba confundida. Kelly se dio cuenta de que ese hombre la había violado, y comenzó a llorar.

KELLY.— ¿Quién te violó?
LA CHICA.— Él.

Pedí la presencia del maestro Jesús.

KELLY.— Maestro Jesús, preséntate, por favor, donde ella está, y ayúdala a sanar.

El maestro se presentó, envolvió a la chica con su luz amorosa y le dijo: «Ya todo pasó».

KELLY.— Maestro, ¿por qué le ocurrió eso a ella?
EL MAESTRO.— Fue lo elegido por su alma.
KELLY.— ¿Por qué su alma escogió esa experiencia?
EL MAESTRO.— Ha pasado muchas veces antes por eso y debe evolucionar.
KELLY.— ¿Y qué debe hacer para evolucionar?

EL MAESTRO.— Ella debe perdonar.
KELLY.— Maestro, ayúdala a perdonar.

El maestro la abrazó, la llenó de su amor, y la chica comprendió que debía perdonar. Se dio cuenta de que ella misma había diseñado esa experiencia para su evolución, que había atraído a ese hombre como un personaje en su propia obra de teatro para retarse a perdonar, y así lo hizo.

Kelly sintió mucha paz y ambas se abrazaron con amor.

Conecté nuevamente a Kelly con la energía de sus pesadillas y apareció la misma mujer, pero ahora tranquila y sonriente. Se abrazaron de nuevo y la chica se alejó.

Está claro que las pesadillas de Kelly se debían, en gran medida, al tormento que estaba viviendo ese yo de su pasado, el cual le transmitía su energía. Sin embargo, le pedí que me mantuviera al tanto, es decir, que me escribiera para saber si las pesadillas cesaban definitivamente, pues suele suceder en estos casos que entidades de bajo astral también intervienen para producir pesadillas.

Kelly me escribió una semana después comentándome que la ansiedad había desaparecido, pero que las pesadillas continuaban. Así pues, le sugerí hacer una segunda sesión para investigar directamente si había desencarnados involucrados en esta situación.

En la segunda sesión, luego de realizar el protocolo inicial de CEYS, dirigí el encuentro de la siguiente manera:

KELLY.— «Si hay alguna entidad que esté induciendo o influyendo en mis pesadillas, tiene que presentarse ante mí. Ahora».

Cuando efectivamente hay una o varias entidades, ellas deben presentarse y responder con la verdad a lo que les pregunto. Así sucede en el mundo espiritual. La frase «ante mí» se refiere más al terapeuta preparado que al paciente, debido a que el terapeuta es un representante del mundo espiritual elevado en ese momento. Esta es una de las razones por las cuales el terapeuta debe capacitarse correctamente y trabajar en sí mismo para mantener una alta vibración.

En la formación de CEYS que imparto, el aspirante a terapeuta recibe muchas sesiones de terapia para su propia sanación y le enseño no solo la técnica, sino también la forma de llevar la terapia completa y de manera efectiva con cada paciente. Esto incluye preparación en diversos temas espirituales que tienen que ver con el desarrollo de la consciencia.Se presentó un hombre que Kelly ya había visto en sus pesadillas, mirándola. Estaba claro que era un desencarnado.

KELLY.— ¿Desde cuándo estás conmigo?
EL HOMBRE.— Desde hace meses.
KELLY.— ¿Qué punto vibratorio en mí te permite afectarme?
EL HOMBRE.— Canales abiertos.
KELLY.— ¿Cuándo los abrí?
EL HOMBRE.— El año pasado.
KELLY.— ¿En qué circunstancias?
EL HOMBRE.— En un evento en el que consumiste sustancias (ayahuasca).
KELLY.— Ok. ¿Qué ganas haciéndome esto?

El hombre no contestó.

KELLY.— ¿Qué beneficio obtienes? ¿Por qué lo haces?
EL HOMBRE.— Necesito ayuda.
KELLY.— ¿Qué ayuda necesitas?
EL HOMBRE.— Estoy aquí atrapado, sin poder salir.
KELLY.— Te entiendo; te vamos a ayudar. Vamos a pedir a los ángeles que abran un portal para ti y te ayuden a subir al plano de la luz. Cuando se abra, aprovecha y vete. Ángeles del rayo amarillo, por favor, abran un portal al plano de la luz en el lugar donde se encuentra esta entidad, y ayúdenlo

a fluir a un mundo mejor en el que pueda hacer su revisión en la luz y seguir su evolución.

Para considerar: el plano de la luz no es un plano alto. Al morir, no es recomendable meterse en el túnel de luz que nos lleva a este plano, pero en el caso de entidades o desencarnados que están en el plano astral inferior (plano 2), como en este caso, es recomendable ayudarlas a subir aunque sea al plano de la luz (plano 3), para que al menos hagan su revisión en la luz y puedan volver a encarnar para ganar consciencia y evolución en este plano físico. No se las puede llevar a un plano superior al 3, porque no tienen la vibración de amor necesaria pero, al menos, podrán volver a tener una nueva experiencia de vida encarnando en el plano de la materia para ir creciendo en evolución.

El portal se abrió, y Kelly y la entidad se despidieron amorosamente. La entidad se fue por el portal con los ángeles.

A continuación, seguí guiando la sesión de la siguiente manera:

KELLY.— Si hay alguna otra entidad que me esté parasitando, tiene que presentarse ante mí ahora.

En respuesta se presentó un reptil.

KELLY.— ¿Desde cuándo estás parasitándome?
EL REPTIL.— Desde hace mucho tiempo.
KELLY.— ¿Desde qué momento?
EL REPTIL.— Cuando me viste con una de tus amigas y le ayudaste a quedar libre de mí, me fui de ella y me pegué a ti.
KELLY.— Ok. ¿Qué efecto produces en mí?
EL REPTIL.— No soy malo; te ayudo a percibir las malas energías que están cerca.
KELLY .— ¿Qué provecho has estado obteniendo de mí?
EL REPTIL.— Me alimento de tu miedo.
KELLY.— De ahora en adelante no podrás seguir parasitándome, porque te he descubierto. Has estado procurando que yo sienta esas bajas vibraciones para que sienta miedo y tú puedas alimentarte de mí.
EL REPTIL.— Ajá.
KELLY.— ¿Quieres que te ayudemos a fluir a un mejor plano?
EL REPTIL.— Sí quiero, pero no sé si allá, en ese plano, pueda alimentarme.
KELLY.— Tranquilo, en todos los planos hay alimento; no morirás. Ángeles del rayo amarillo, por favor, abran un portal donde se encuentra este reptil y ayúdenlo a fluir a un plano mejor.

El portal se abrió y el reptil, aunque estaba un poco dudoso al principio, luego decidió irse por el portal.

KELLY.— Si hay otra entidad que me esté parasitando, tiene que presentarse delante de mí. Ahora.
Se presentó una anciana y Kelly empezó a sentir mucho miedo, al punto de ponerse a llorar. La calmé y emprendimos el diálogo.
KELLY.— ¿Por qué induces miedo en mí?
LA ANCIANA.— No sé.
KELLY.— ¿Desde cuándo estás conmigo?
LA ANCIANA.— Desde hace poco.
KELLY.— ¿Qué punto vibratorio en mí te permite estar conmigo?
LA ANCIANA.— El miedo.
KELLY.— ¿Te alimentas de mi miedo?
LA ANCIANA.— No.
KELLY.— ¿Eres una persona con mucho miedo?
LA ANCIANA.— Sí, siempre tuve miedo, y aun más a morir.
KELLY.— Te vamos a ayudar. Ángeles del rayo amarillo, por favor, abran un portal donde se encuentra esta entidad y ayúdenla a fluir a un mundo mejor.

No se presentó nada, así que, como cierre de la dinámica en este caso, pedí al Padre-Fuente luz de amor creadora para que cubriera a Kelly y le limpiara todo su campo de energía y las células de su cuerpo físico. Luego reforcé esto con luz dorada y una pirámide de protección de luz azul para ella.

Al cabo de una semana, Kelly se comunicó conmigo para hacerme saber que las pesadillas habían desaparecido. Estaba muy feliz.

CASO 16: MUCHA PERTURBACIÓN EMOCIONAL

Lucrecia es una mujer de mediana edad que se encontraba muy perturbada emocionalmente; sufría de ansiedad y de pánico nocturno que no lograba manejar, por lo que me solicitó una sesión de terapia. Recordaba ciertos episodios de abuso en su infancia, pero de una manera muy confusa y poco precisa. Había buscado, sin éxito, diversas terapias para mejorar. Iniciamos con CEYS y la conecté con la energía de su ansiedad. En ese momento, apareció un hombre que la miraba con una actitud desafiante.

LUCRECIA.— ¿Por qué me miras desafiante?
EL HOMBRE.— Estoy más bien enojado.
LUCRECIA.— ¿Enojado conmigo?
EL HOMBRE.— No contigo; más bien con la vida que me ha tocado.
LUCRECIA.— ¿Qué quieres decir con «la vida que me ha tocado»?
EL HOMBRE.— Estoy aquí porque me alimento de tu energía.

En ese momento, me di cuenta de que este hombre era una entidad desencarnada que estaba parasitando a Lucrecia.

LUCRECIA.— ¿Desde cuándo estás conmigo?
EL HOMBRE.— Desde tus veinte años.
LUCRECIA.— ¿Qué punto vibratorio en mí te permite estar conmigo?
EL HOMBRE.— Tu dolor.

Por tratarse de una entidad, dirigí la sesión de la siguiente manera:

LUCRECIA.— Te voy a ayudar a fluir a un plano mejor que en el que estás. Los ángeles van a abrir un portal; aprovecha cuando se abra para irte, porque al cerrarse no se volverá a abrir. Yo te perdono y deseo que estés en un mundo mejor. Ángeles del rayo amarillo, abran un portal al plano de la luz donde se encuentra esta entidad y ayúdenlo a fluir a la luz, por favor, para que siga su evolución.

En ese momento, le indiqué a Lucrecia que los ángeles abrirían el portal, que ella lo vería y que él podría irse.

EL HOMBRE.— Tengo miedo.
LUCRECIA.— No tengas miedo; estarás bien. Ve.
EL HOMBRE.— Tengo miedo por el castigo.

LUCRECIA.— No te van a castigar; te van a ayudar. Vete por el portal.
EL HOMBRE.— Ten cuidado con (le nombró a un supuesto amigo de Lucrecia): hay oscuridad en él.

Le dije a Lucrecia que tenía la oportunidad de preguntarle por qué decía eso, pero ella prefirió no hacerlo, así que nos enfocamos en insistir amablemente a la entidad para que fluyera por el portal al plano de la luz, y así lo hizo.

Cuando hay desencarnados parasitando a una persona suelen causarle muchos malestares y problemas. Sin embargo, debo aclarar que para que una persona pueda ser parasitada tiene que existir un punto vibratorio en ella que lo está permitiendo, aun sin saberlo. En este caso, era el dolor de Lucrecia el que lo permitía.

Normalmente, estos puntos vibratorios son emociones tóxicas, contrarias al amor, y las entidades atraídas van acorde al tipo de energía. Por ejemplo, cuando una persona odia, puede atraer entidades que son verdaderamente demoníacas.

Otra causa por la cual una persona puede estar siendo parasitada por entidades del bajo astral son sus acciones en universos paralelos —esos que llamamos «vidas pasadas»—, en los que una parte de la consciencia de la persona, el yo del pasado, está causándole un daño a otra u otras personas, y esas personas desencarnan y encuentran al yo actual ejerciendo dominio en él por deseos de justicia o venganza. Esto se puede resolver mediante el diálogo, la toma de consciencia y la asistencia a esas entidades, el verdadero y sentido arrepentimiento por parte del paciente y, en algunos casos más fuertes, por un exorcismo obligado hacia la entidad o entidades, todo esto dentro de la práctica de CEYS.

Sigamos con el caso de Lucrecia. Cuando apareció el hombre (entidad), ella mencionó que se sentía vulnerable, por lo que decidí conectarla con su energía de vulnerabilidad. Entramos en la línea de tiempo en cuestión; se trataba de un episodio de su niñez. Se vio a sí misma de seis años, durmiendo, cuando un hombre joven la despertó al colocarle su mano en la pierna, sujetándola e intentando abusar de ella. La niña sintió miedo y asco, y pudo ver que se trataba de uno de sus tíos. Poco a poco, durante la sesión, pudo ir viendo la escena en detalle; fueron apareciendo todos los elementos de la escena y, con ellos, las emociones que Lucrecia había grabado. Esta escena, por lo que vimos, se repitió muchas veces, lo que grabó en ella vulnerabilidad, pánico, desprotección, angustia, impotencia, rabia, dolor y un largo etcétera de emociones. Es normal que el subconsciente oscurezca este tipo de escenas muy traumáticas y dificulte, así, su recuerdo. Lo hace como una medida de protección en la vida adulta, pero en el proceso de regresión y CEYS salen a la luz, porque es conveniente para la liberación de estas emociones atrapadas, que son la causa de las patologías físicas y psicológicas de una persona, así como para hacer los cambios en las líneas de tiempo y la disolución de programas.

Una de las cosas que grabó Lucrecia de estos episodios fue el miedo a quedarse dormida, lo cual le causaba insomnio y pánico nocturno. También grabó la sensación de no tener que decir lo que siente, debido a las amenazas que le hacía este tío para que no contara a nadie lo que ocurría. Obviamente, esto le había traído problemas en el habla y en la garganta, algo que desequilibró la energía de este *chakra* y de su tiroides.

La sesión fue agotadora para Lucrecia, lo cual es normal cuando se trata de traumas fuertes. Por eso, llegado a este punto, decidí que estaba bien dejarlo hasta allí por esa sesión, así que la conecté con la luz y el amor de Dios para que descansara. A los días, me manifestó que se sentía mejor y que estaba preparada para una segunda sesión.

En la segunda sesión, Lucrecia quiso recorrer otra vez los mismos eventos de abuso. En esta ocasión, lo pudo hacer de una forma más fluida, de modo que terminó de agotar la carga emocional y obtener más detalles. La conecté nuevamente, luego de eso, con la energía de su vulnerabilidad, pero ya no estaba; ahora, se sentía protegida y cuidada. En su lugar, la energía se le presentó como un ángel que le decía que estaba bajo protección y que era amada.

La perturbación emocional que Lucrecia sentía anteriormente ya no estaba presente en su día a día, por lo que podía realizar sus tareas diarias con más tranquilidad y también dormir mucho mejor.

CASO 17: DERMATITIS SEVERA

Manuela era una chica de veinticuatro años que acudió a mi consulta para tratarse una dermatitis severa que no se aliviaba con nada. Iniciamos los pasos de CEYS y la conecté con la energía de su dermatitis. Inmediatamente apareció la energía en forma de su madre, quien la miró con una actitud de fuerte desaprobación.

Cuando Manuela vio esa imagen, se sintió muy movida emocionalmente, con dolor, rabia e impotencia. La llevé al episodio conectado con esta situación y apareció ella de niña en múltiples escenas en las que la madre la estaba castigando, regañando, invalidando y controlando. Manuela me refirió en la sesión que esa actitud de la madre seguía siendo la misma desde la niñez hasta el momento actual, y que, de paso, la madre estaba viviendo con ella en la misma casa donde vivía con su marido y sus hijos.

Manuela no se había dado cuenta de que la causa de la dermatitis severa era la presencia de su madre y su constante actitud de invalidación hacia ella, lo cual reactivaba en su subconsciente los episodios de dolor de la niñez. En la situación actual siendo ya una adulta, Manuela no lograba ponerle un límite a su madre; esta la seguía descalificando en público y atropellándola.

Requerimos varias sesiones para que Manuela descargara todas sus emociones grabadas, las cuales le estaban impidiendo llevar sus relaciones en general de una manera asertiva, pues fomentaban el abuso y atropello de su esposo. Una vez liberada la carga y sanados los programas, Manuela pudo tomar la acción de ponerles límites al marido y a la madre y empoderarse, lo que trajo como consecuencia la sanación de su dermatitis.

CASO 18: CÁNCER DE CUELLO UTERINO

Laura, una mujer de sesenta y dos años, llegó a mi consulta con un diagnóstico de cáncer de cuello uterino. Tras haber recibido tratamiento de radioterapia, deseaba comprender la causa de su enfermedad y buscar su sanación. Iniciamos los pasos de CEYS y conecté a Laura con la energía de su cuello uterino. Durante la conexión, apareció un hombre y, detrás de él, una mujer que lo sujetaba por los hombros; ambos la observaban.

Dirigí la sesión de la siguiente manera:

LAURA.— ¿Por qué estás detrás del hombre y lo agarras?
LA MUJER.— Soy parte de él.
LAURA.— ¿Por qué eres parte de él?
LA MUJER.— Soy su mamá.

Laura me informó que el hombre era su papá, quien la miraba como si quisiera poseerla. Laura se volvió hacia el hombre:

LAURA.— ¿Por qué me miras así?
EL PADRE.— Tú eres mía.

Conecté la energía de esa frase, pronunciada por la energía que tomó la forma de su padre, y Laura se vio inmersa en una escena de su infancia, escena donde tenía aproximadamente diez años.

LAURA.— Tengo mucho miedo. No quiero que me toque. Mi papá me está tocando. No quiero; siento angustia. Me dice que si siento deseo, puedo ir con él. Me encierro en una habitación y él golpea con fuerza para que le abra la puerta, pero no quiero hacerlo. Me hago la dormida; siento rabia. Me dice que si me dejo, me dará todo. Golpea tan duro que tengo que abrir la puerta. Entra y me dice que no diga nada. En ese momento, la mujer que estaba presente se reveló como su abuela. Aunque Laura no podía verla claramente, sentía su mirada compasiva. Se dio cuenta de que no era una persona física, sino espiritual. Laura trató de evitar el contacto, pero él la maldijo por no dejarse tocar; así, extendió la maldición hacia ella y sus descendientes.

En este punto, animé a Laura a liberar todas sus emociones reprimidas relacionadas con el evento. Con la intervención del Espíritu Santo, cancelamos la maldición. Durante la sesión, Laura experimentó diversas sensaciones en su cuerpo y en el útero. Esto es normal, ya que en este proceso se liberan energías densas y tóxicas acumuladas, y esto es parte integral de la sanación. La mujer, es decir, la abuela, la abrazó con amor.

Luego, conecté nuevamente a Laura con la energía de su cuello uterino. Apareció una mujer mal vestida, con la cabeza agachada.

LAURA.— ¿Por qué agachas la cabeza?
LA MUJER.— Porque no merezco que me miren.

LAURA.— ¿Por qué dices que no mereces que te miren?
LA MUJER.— Porque estoy sucia.

Con esta información, dirigí a Laura para que conectara con el universo paralelo correspondiente y la misma mujer apareció como una esclava sometida a los caprichos sexuales de su amo. Su tristeza y frustración eran evidentes.

LAURA.— Escúchame, quiero hablar contigo.

La mujer asintió con la cabeza agachada.

LAURA.— ¿Por qué estás en esa situación?
LA MUJER.— Porque no soy nadie; no valgo nada.
LAURA.— Eso no es verdad. Eres un ser humano y, como tal, eres valiosa.
LA MUJER.— Solo sirvo para que él (refiriéndose a su amo) me posea cuando quiera.

Laura invocó la energía del maestro Jesús y dijo: «Por favor, preséntate donde ella está y ayúdala a salir de esa situación».

El maestro se presentó en la línea de tiempo de la mujer, levantó su rostro, le limpió la cara y la acarició suavemente mientras le decía que todo iba a estar bien. Luego, la condujo a través de una hermosa pradera, sacándola de esa línea de tiempo y llevándola a una realidad mejor, en la que no era una esclava. Tanto Laura como yo pudimos observar cómo la mujer se transformaba en una hermosa mujer que cultivaba la tierra junto a su esposo y sus tres hijos, irradiando felicidad.

Hice que Laura se despidiera de ella, agradeciera al maestro y regresara a su espacio-tiempo. Finalmente, volví a conectar la energía del cuello uterino de Laura y apareció una hermosa mujer sonriente, con una rosa roja en la mano, con la intención de entregársela. Laura preguntó: «¿Puedo abrazarte?».

La mujer respondió: «Claro que sí».

Ambas se abrazaron. La mujer le entregó la rosa a Laura diciéndole que recordara que era una flor perfecta, sana y completa en su femineidad.

CASO 19: ERUPCIÓN

Sonia, una mujer de 52 años, solicitó la sesión para tratarse una erupción en el glúteo que le aparecía de vez en cuando y le ocasionaba muchas molestias.

Hice los pasos de conexión con CEYS de la energía del rash de Sonia y apareció la energía en forma de su segundo exmarido, parado de medio lado y sin mirarla.

SONIA.— ¿Por qué estás de medio lado y no me miras?
EXMARIDO.— Porque te miento todo el tiempo.

En ese momento, Sonia me dijo que efectivamente él le mentía todo el tiempo. Hice que Sonia conectara esa frase y la llevé a la línea de tiempo de la situación problema. Entró en un universo paralelo en un burdel, donde se encontraba una chica prostituta (su yo *paralelo*). La chica estaba escuchando que alguien decía: «los hombres mienten todo el tiempo». Limpiamos ese postulado de la consciencia de Sonia, con la intervención del Espíritu Santo, y seguimos.

Sonia se dio cuenta de que se trataba de un burdel de clase alta, donde las chicas tenían que verse perfectas y que para tratar de no verse perfecta y evadir tener que acostarse con los hombres, empezó a desarrollar un *rash* en la nalga.

Se dio cuenta de que cuando comenzó a rechazar a su exmarido por verlo como un mentiroso, fue cuando empezó a aparecerle el *rash*. Así evitaba tener relaciones sexuales con él. Además, se dio cuenta de que lo estaba haciendo en el momento actual, de manera inconsciente, para evitar acostarse con ningún hombre. También se dio cuenta de por qué siempre buscaba tener que ser perfecta para no ser rechazada.

Continué conectándola con la energía de su *rash* en la nalga y apareció la imagen de su madre al frente y la de su padre detrás de la madre.

SONIA.— ¿Por qué aparece mi madre al frente y mi padre atrás?.
LA ENERGÍA.— Porque tu madre quería que fueras perfecta y a tu padre no le importaba eso mucho.

En este momento, Sonia me dijo que sus padres, ya fallecidos, eran personas de bastante edad cuando la tuvieron a ella. Era hija única y, al verla como una especie de tesoro, se abocaron de lleno a ella, intentando darle lo mejor y tratando de que ella destacara en todo.

Con la frase «tienes que ser perfecta», la energía la llevó a escenas de su vida actual, de niña, en la que al entrar al kínder con cuatro años, los padres en casa ya le habían enseñado a leer, a escribir y a contar. Las maestras la empezaron a ver como una niña muy inteligente y le empezaron a exigir más y más, no con mala intención, pero aquello grabó en la niña la creencia: «mientras más perfecta sea, más me querrán». Obviamente, vemos que esto viene de lo que se está grabando en el universo paralelo, donde como chica prostituta debe ser físicamente lo más perfecta posible para cumplir con los estándares. Limpiamos esto en ambas vidas con la supraconsciencia y seguimos.

Volví a conectar a Sonia con la energía de su *rash* y apareció la imagen de la madre en el hospital, con problemas estomacales. La madre solía sufrir de problemas estomacales. Le pregunté a Sonia qué sentía ante esa imagen de la madre y me contestó que ella pensaba y sentía que la madre usaba esa afección estomacal para evadir responsabilidades.

En ese momento, yo no podía saber si realmente la madre se enfermaba para eso o era proyección de Sonia verlo y sentirlo así, pues ella lo estaba haciendo de manera inconsciente en la vida de prostituta y con el exmarido, incluso actualmente, para evadir a los hombres.

SONIA.— ¿Te enfermas para evadir responsabilidades?
LA MADRE. — Sí y no.
SONIA.— ¿Qué tengo que aprender de esto que me estás mostrando?
LA MADRE.— Que uno genera enfermedades, como tú el *rash,* para evitar hacer cosas que no quieres hacer, por ejemplo, no cumplir obligaciones como esposa.
SONIA.— ¿Eso es todo lo que tengo que entender respecto al *rash* y se irá?

La energía, con la imagen de la madre, dijo: «Debes trabajar la frase: "Tengo que ser perfecta para que me quieran los hombres"».
La energía nos llevó a otra vida paralela e hice que Sonia se adentrara en ella.

SONIA.— Soy una reina, se espera perfección de mí. Además, allí los hombres abandonan a las mujeres o dejan de tratarlas bien cuando dejan de ser perfectas, ya sea por la edad u otras razones. Así que tenemos que ser jóvenes, bonitas, con buen cuerpo, inteligentes, cultas. Y veo que el rey tiene en secreto otras mujeres. Le pregunté: «¿Qué está grabando tu consciencia en esa vida?».

SONIA.— Que me abandonan porque no soy perfecta.

En esta «realidad», Sonia tenía el problema de abandono en sus relaciones de pareja. A los 52 años, no había podido concretar una relación de pareja estable y feliz; siempre estaba presente el tema del abandono, ya sea por parte del hombre o por parte de ella. Ahora iba entendiendo las causas: por una parte, el tener que ser perfecta y, por otra, el postulado de que todos los hombres eran mentirosos.

A manera de *test*, pedí el porcentaje en el que el subconsciente de Sonia había entendido durante la sesión que no necesitaba ser perfecta para ser amada y la respuesta fue del 90 %. Conecté la energía de su *rash* y se mostró una energía que estaba lista para despedirse de ella.

CASO 20: PROBLEMA ECONÓMICO

Peter es un hombre de mediana edad que me contactó porque se sentía muy abrumado por su situación laboral y económica. Era productor de eventos y le iba de mal en peor. Se sentía muy angustiado y, para más pesar, su esposa no le ayudaba a serenarse; por el contrario, le reprochaba lo que, según ella, eran sus malas decisiones. Se sentía bloqueado y a punto de la quiebra; además, le preocupaba perder su credibilidad ante su socio.

Lo llevé a la conexión con su energía del dinero y apareció la imagen de una mujer que no lo miraba.

PETER.— ¿Por qué no me miras?
LA MUJER.— Porque no quiero.
PETER.— ¿Por qué no me quieres mirar?
LA MUJER.— Porque no te gusta trabajar en lo que haces.
PETER.— Pero yo trabajo.
LA MUJER.— Sí, pero lo haces sin ánimo ni gusto, y además no eres real.
PETER.— ¿Por qué dices que no soy real?

En este momento, la energía lo llevó a una escena de esta vida en su pasado en la que Peter estaba iniciando un trabajo como empleado. Su jefe le dijo que se iría y le preguntó si sabía vender para que lo suplantara. En ese momento, Peter se sintió inseguro, porque su área era la creatividad, no ventas, pero para dar la talla, le dijo que era bueno en ventas. Peter afirmó que sí, pero la verdad es que no se sentía preparado. A partir de aquí, lo llevé a la situación anterior relacionada con esa experiencia y apareció ante él una escena en la que, años atrás, había lanzado un evento musical que había sido un fracaso. Por esa situación, había internalizado que él no sabía vender. Recorrimos el evento varias veces y Peter pudo darse cuenta de que no era que él no sabía vender, sino que no se había hecho la campaña adecuada de *marketing* que requería el evento. Así pudo entender su error y, con ayuda del supraconsciente, liberó la creencia de que no era un buen vendedor.

Nuevamente, lo conecté con la misma energía. Apareció otra vez la mujer, pero ahora sí lo miraba y le dijo: «¿Ves?, ¿te das cuenta?».

PETER.— ¿De qué más tengo que darme cuenta?
LA MUJER.— Tienes que darte cuenta de lo que tienes: casa, computadora, carro, de todo lo que tienes. Debes ser agradecido y apreciarlo.

PETER.— Ok, entiendo. ¿Qué más debo hacer para que fluyas abundantemente en mi vida?
LA MUJER.— Estar alegre.
PETER.— De acuerdo.

Peter me había mencionado que las deudas para él eran y siempre habían sido un problema, por lo que lo conecté con la energía de sus deudas. Apareció ante él una escena de cuando estudiaba en la universidad y estaba endeudado con las tarjetas de crédito. Su novia, actual esposa, le dijo: «Tú no sabes manejar las deudas». Esto se grabó en Peter como un postulado, que estaba reproduciendo más de lo mismo. Recordemos que lo que grabamos como creencias en nuestra consciencia se manifiesta en nuestra «realidad». La energía hará su trabajo para configurar siempre la «realidad» de la persona acorde a su consciencia. Esto es así, no puede ser de otro modo, porque la consciencia y la energía están entrelazadas.

Desde este incidente, hice que Peter se moviera en la línea temporal de su «realidad» actual a una escena de su niñez. Entró en su etapa infantil y revivió las emociones de aquel niño que vivía con mucha limitación económica y escasez, luchando contra eso. El niño trataba de aparentar ante los demás una realidad económica diferente, por lo que la familia le decía que era un creído; esto le hacía sentir culpa por sus deseos de tener más. Peter consideraba que las personas que tenían más dinero tenían más valor. Tomando esta información lo llevé a la vida paralela en la que se estaba gestando el conflicto.

Vio una aldea muy pobre, con casitas hechas de lona, mientras miraba vio de pronto a su yo de esa vida caminando vestido con una bata muy blanca. Este hombre le dijo: «Mi bata es más blanca y limpia que la de los demás, yo destaco aquí, los demás están sucios». Le dije a Peter que le preguntara por qué su ropa estaba más limpia que la del resto de las personas, a lo que le contestó que su madre siempre se encargaba de que él luciera mejor y más limpio que los demás, porque así debía ser.

El diálogo siguió así:

PETER— ¿Sientes que eso te hace mejor o superior a ellos?
EL HOMBRE.— Obviamente que sí, yo soy mejor que ellos.
PETER.— La apariencia no te hace mejor que ellos, al igual que tú no eres menos que los que se visten mejor que tú.

En ese momento el hombre pensó que también sentía que era rechazado o excluido por otras personas que tenían mejores cosas y ropa que él. Por lo que hice que Peter le dijera: «Tú eres quien te alejas de ellos al creer que ellos te rechazarán por eso, eso te ocurre porque le estás adjudicando el valor de una persona a su apariencia».

EL HOMBRE.— Ciertamente también me alejo de los que se ven mejor que yo, porque me siento menos que ellos.
PETER.— Tú no eres más ni menos que nadie, el valor de la gente no reside en su apariencia, debes entender eso y no alejarte ni de unos ni de otros, ¿entiendes?

El hombre lo entendió, le agradeció y le dio un abrazo a Peter. De esa manera se despidieron.

Hice que conectara una vez más con la energía del dinero en su vida y esta vez apareció una mujer sonriente, que lo invitó a bailar. Esto me indicó que la raíz del conflicto ya se había superado.

Peter terminó muy sorprendido, entendió la situación y se dispuso a dejar a un lado sus temores. Asintió que hasta ahora sí había pensado que una persona tenía más valor sí tenía más dinero o influencia social, pero ahora entendía su error y cómo esa creencia lo estaba perjudicando.

Le expliqué, como suelo hacerlo en cada cierre de sesión, lo que salió a la luz y cómo debía enfocarse ahora para obtener los resultados que anhelaba. El tema del dinero estaba ligado con su aprendizaje de alma, que consistía en quitar valores superficiales y convertirse en una persona más profunda, con mayor desapego a lo material y aprecio a lo que es verdaderamente importante para el espíritu. De manera que no solo había sanado su relación con el dinero, sino que también había dado un gran avance en la toma de conciencia del propósito de su alma.

CASO 21: ATAQUES DE PÁNICO

Liliana, una señora de 63 años, había estado sufriendo ataques de pánico durante tres años. Además, experimentaba pesadillas nocturnas en las que siempre sentía que la perseguían.

Realicé la conexión inicial y la conecté con la energía de sus ataques de pánico y apareció un indio. De inmediato, Liliana comenzó a sentir miedo y angustia. Guie a Liliana en los diálogos.

LILIANA.— ¿Por qué te me presentas como un indio?
EL INDIO.— Tú eres mi mujer.
LILIANA.— ¿Por qué dices que soy tu mujer?

La energía la llevó a una vida paralela en la que su *yo paralelo* era una mujer joven prisionera de aquel indio. Ese *yo paralelo* de Liliana estaba continuamente amenazada y golpeada por él, lo que le generaba un terror constante. Durante la sesión, Liliana sintió todo ese pánico, así que le permití liberar esa carga emocional. Después de un rato, se calmó y el indio desapareció.

Nuevamente conecté a Liliana con la energía de sus ataques de pánico, y esta vez apareció una mujer que la miraba como si la estuviera observando.

LILIANA.— ¿Qué me observas?
LA MUJER.— Deja de tener miedo.
LILIANA.— ¿Qué tengo que hacer para dejar de tener miedo?
LA MUJER.— Confía en ti.
LILIANA.— ¿Por qué no confío en mí?
LA MUJER.— Porque tu esposo te traicionó.

En ese momento, la energía la llevó al pasado, a un episodio en su vida actual en el que su exesposo la había estado traicionando con una prima. Liliana se enteró de esto porque los vio. En el incidente, golpeó al marido con mucha rabia y dolor. Hice que agotara esas emociones; con la ayuda del Espíritu Santo, limpiamos el programa que le impedía confiar en los demás y en sí misma.

La volví a conectar con la energía de sus ataques de pánico y apareció la energía como un hombre que la miró de forma imponente.

LILIANA.— ¿Por qué me miras de manera imponente?
EL HOMBRE.— Para someterte.
LILIANA.— ¿Desde cuándo quieres someterme?
EL HOMBRE.— Desde hace mucho.
LILIANA.— ¿Por qué quieres hacerlo?
EL HOMBRE.— Para usarte.
LILIANA.— ¿De qué manera?
EL HOMBRE.— Absorbiendo tu energía vital.
LILIANA.— ¿Qué punto vibratorio en mí te permite estar conmigo?
EL HOMBRE.— Tu miedo.

Era evidente que este hombre era una entidad desencarnada del bajo astral que estaba parasitando a Liliana y alimentándose de su energía. Inducía cada vez más su miedo hasta provocarle ataques de pánico.

LILIANA.— Estás perdiendo el tiempo allí donde estás en el bajo astral. Te voy a ayudar a ir a un mundo mejor.

Ángeles del rayo amarillo, por favor, preséntense donde está esta entidad y ayúdenla a fluir a un plano mejor para que pueda evolucionar.

El hombre la miró con sorpresa, y cuando los ángeles abrieron un portal al plano de luz, entendió que debía irse por su bien, así que lo hizo.

Una vez más, conecté a Liliana con la energía de sus ataques de pánico y esta vez apareció una mujer llena de luz, parecida a un ángel, que la llenó de paz.

LILIANA.— ¿Te puedo abrazar?
EL ÁNGEL.— Claro, la energía que te producía los ataques de pánico ya se fue.

Ambas se abrazaron y todo se llenó de amor. Desde esa sesión, Liliana mejoró muchísimo.

CASO 22: ENFERMEDAD AUTOINMUNE

Ernesto es un hombre que acudió a mi consulta en busca de ayuda. Había estado padeciendo de la enfermedad de liquen, esta se manifestaba en todo su cuerpo, y llevaba tiempo sometiéndose a tratamientos tópicos recetados por médicos especialistas sin obtener mejoría.

Realizamos los pasos iniciales y lo conecté con la energía de su problema de liquen. Apareció un hombre que Ernesto pudo identificar con la imagen de su padre y de inmediato lo embargó un sentimiento de tristeza.

ERNESTO.— Por qué me siento triste?
EL PADRE.— Porque te sientes abandonado.
ERNESTO.— Llévame al momento del abandono.

La energía lo llevó a sus nueve años, al incidente en el que su padre se fue de la casa, debido a peleas continuas con la madre. Ernesto y sus cuatro hermanitos más pequeños se quedaron solos con ella. En ese recuerdo, Ernesto vio a su padre beber continuamente. Para ayudarlo, le dijo que vio a la madre con un pretendiente, lo que hizo que el padre se molestara con él y le pegara. El niño se sintió traicionado por su padre, por haberlo golpeado y por no hacerse cargo de ellos. Sintió muchos deseos de morir, porque no le gustaba la vida que llevaba.

Ernesto llevaba consigo una carga emocional de dolor, impotencia, abandono y miedo, la cual fue agotándose durante la sesión bajo mi guía. Luego, más sereno, recordó que a los once años, por pedido de la madre de un compañero de la escuela, se fue a vivir a la casa de ese compañero. La madre accedió, porque era una mujer dura y desapegada, cansada de cuidar tantos hijos.

Ernesto sintió que se liberaba de la responsabilidad impuesta por su madre de cuidar cada día a sus hermanos menores, de limpiar la casa y de asumir muchas responsabilidades para su edad, principalmente por ser el hijo mayor. Sin embargo, su alivio fue pasajero, ya que poco después se enteró de que su madre le había dado una golpiza al hermano menor y sintió mucha culpa por haberse ido y no estar allí para defenderlo.

En infancias muy traumáticas, como la de Ernesto, la vida del niño queda, por decirlo de alguna manera, «atrapada» en esas energías de dolor, miedo, abandono y culpa, que se siguen transmitiendo a la edad adulta, produciendo patologías como en este caso, la enfermedad de liquen. Fue crucial que Ernesto agotara la carga emocional durante la sesión y que se limpiaran esas situaciones de su consciencia con la intervención del supraconsciente.

Dejamos hasta allí la primera sesión y programamos la siguiente. Durante la segunda sesión, al conectarlo con la energía de su liquen, apareció un hombre que dijo: «No me gusta que me manden».

ERNESTO.— ¿A quién no le gusta que lo manden?
EL HOMBRE.— A ti.
ERNESTO.— ¿Quién me manda?

La energía le mostró a su madre en una actitud muy autoritaria e impositiva, que además lo miraba con desprecio. En ese momento, llegó a la mente de Ernesto una escena de cuando tenía ocho años, en la que se le rompió un pantalón que había estado usando durante dos años. Se asustó, pensando que su madre le iba a pegar por eso, y llegó con miedo a casa. La madre se molestó mucho y, junto con la tía, le quemaron el pantalón mientras le gritaba: «Ojalá no te hubiese tenido». Ernesto niño sentía un profundo dolor al ver el pantalón quemándose y la actitud de su madre le ocasionó mucho miedo, dolor, rabia y culpa. Nuevamente, fue importante dejar suficiente tiempo para que Ernesto niño agotara sus emociones intensas y variadas.

Lo conecté una vez más con la energía de su liquen, y esta vez apareció su madre pidiéndole perdón. Ernesto sintió en un principio resentimiento y rechazo, por lo que se le hizo difícil perdonarla. Entonces, la energía lo llevó más atrás, a otro incidente de su infancia, en el que su hermana se comió un quesillo que su madre había colocado en el techo de la platabanda. Su madre pensó que había sido él, así que lo culpó y le pegó. Lo dirigí para que agotara todo ese dolor y resentimiento hacia su madre, y así lo hizo.

Ya libre de la carga emocional y del resentimiento, pudo perdonar a su madre.

El resultado de estas sesiones fue que el liquen desapareció totalmente.

CASO 23: SESIÓN A TRAVÉS DE UN TERCERO

Rosario, una mujer de cincuenta y dos años, estaba muy preocupada por su madre de setenta y tres quien, tras superar un cuadro de neumonía, había empezado a manifestar un comportamiento depresivo que la mantenía sin ganas de comer, muy desanimada y pasando los días acostada. Rosario me comentó que su madre había sido una mujer activa hasta ese momento y que, al preguntarle a esta qué le pasaba, ella decía que no sabía. Por ello, Rosario me contactó para ayudar a su madre a través de una sesión de CEYS.

Después del protocolo inicial, conecté a Rosario con la energía de la depresión de su madre. Apareció una mujer de mediana edad, muy tímida, retraída y asustada.

ROSARIO.— ¿Por qué estás formando parte de esa energía?
LA MUJER.— Porque soy una parte de tu madre; soy ella misma.
ROSARIO.— Ok. ¿De qué tienes miedo?
LA MUJER.— De hablar.
ROSARIO.— ¿Por qué?
LA MUJER.— Debo estar callada, pero necesito expresarme; me hacen mucho daño.
ROSARIO.— ¿Quiénes?
LA MUJER.— Los hombres.
ROSARIO.— Llévame a las escenas de tu vida.

Aparecieron escenas en las que esta mujer era humillada, maltratada y anulada por hombres. Se esforzaba por agradar a su marido, pero no lograba reconocimiento; era una buena ama de casa y trabajadora, y eso la hacía sentir muy triste.

ROSARIO.— Te vamos a ayudar. Maestro Jesús, por favor, preséntate donde ella está y ayúdala a sanar.

El maestro se presentó lleno de luz, con su energía dulce y amorosa. La abrazó y dijo: «Pase lo que pase, todo va a estar bien». El maestro sanó al *yo paralelo* de la madre y a su subconsciente y cerró el portal que había permitido que la energía de aquella vida se colara en la vida de la madre. Al parecer, esto había ocurrido en el hospital durante su ingreso por la neumonía, lo que explicaba el cambio de comportamiento de la madre de Rosario.

ROSARIO.— Gracias, maestro. ¿Hay algo que yo pueda hacer para ayudarla?
EL MAESTRO.— Trátala con amor; solo dale amor, porque le hace falta. La chica del pasado ya está bien.

Rosario abrazó al maestro y lloró de gozo.

A continuación, hice la conexión de Rosario con la energía de la alegría de su madre. Apareció un hombre que la miraba a la defensiva.

ROSARIO.— ¿Por qué estás a la defensiva?
EL HOMBRE.— Porque necesito protegerme.
ROSARIO.— ¿Protegerte de qué?
EL HOMBRE.— De la gente que quiere hacerme daño y abusar de mí.

Hice que Rosario, conectada como si fuese su madre, dijera: «Necesito protegerme de la gente que me hace daño». Entró, entonces, en escenas del pasado de la vida de su madre en las que su padre la ofendía, humillaba y maltrataba. Guie a Rosario para que actuara como un catalizador de esa energía de la madre. Rosario sintió tristeza, humillación, miedo, rabia, impotencia, y lloró como si fuera la madre misma hasta que, bajo mi guía, agotó toda la carga de aquellas memorias. El Espíritu Santo se encargó de limpiar todas estas energías hasta que todo quedó limpio. Luego, saqué a Rosario de la conexión con la energía de la madre.

Le pedí que narrara nuevamente los incidentes de la madre con el padre y así supe que la línea de tiempo del pasado había cambiado. Rosario narró que veía a la madre tranquila, con más tolerancia y aceptación entre ambos, y que fluían en paz.

Pedí nuevamente la presencia del hombre (energía de la alegría de la madre): este apareció mirándola, tranquilo y sonriente. Así pues, concluimos la sesión.

La madre de Rosario empezó a mostrar cambios rápidamente para bien: comenzó a comer y a sentirse animada.

CASO 24: PROBLEMAS DE DINERO Y PROPÓSITO DE VIDA

Betty es una mujer de cuarenta y dos años que estaba atravesando una situación personal difícil. Vivía en casa de sus padres y debía mudarse porque iban a vender la casa. Me manifestó que se encontraba en decadencia en prácticamente todas las áreas de su vida, pero que, en particular, la que más le afectaba era su situación económica, que había decaído. Era administradora, pero no tenía trabajo y realizaba consultas de registros akáshicos eventualmente y sin cobrar, por lo que en la primera sesión que hicimos trabajamos su energía del dinero.

Hice el protocolo inicial de CEYS y conecté a Betty con su energía del dinero. La energía tomó la forma de un hombre asiático que estaba mirando un cuaderno de deudas, sin saber qué hacer. Al parecer, era un cuaderno donde anotaba a la gente que le debía dinero. Él distribuía semillas para siembra a crédito y muchas personas se atrasaban en los pagos, así que no sabía qué decidir en ese momento: si ejecutarles los bienes o perdonarles las deudas. Sin embargo, decidió ejecutarles los bienes. Entablé la comunicación entre Betty y su *yo paralelo*.

BETTY.— Escúchame, quiero hablar contigo.

El hombre la escuchó.

BETTY.— Veo que vendes semillas.
EL HOMBRE.— Así es —dijo esto y le mostró un largo camino por el que iba con su carreta distribuyendo las

semillas.— No obstante, la gente no paga, así que tuve que quitarles sus bienes; pero me siento culpable por ello.

BETTY.— Te entiendo, pero debes perdonarte, y puedes aprender a ser más compasivo. No es bueno que te quedes sintiendo culpa, porque eso te hará mal. Cada quien es responsable de sus acciones y de su destino.

Ayudamos al hombre a perdonarse por lo que había hecho. Luego le dije a Betty que dijera: «Quiero saber cómo incide este evento en mi vida actual».

La respuesta fue: «No merezco el dinero, porque otras personas lo necesitan más que yo».

Con ayuda del Espíritu Santo, borramos esta creencia tanto en la vida del asiático como en el subconsciente de Betty; así continuamos. Nuevamente conecté a Betty con su energía del dinero. Esta vez apareció una mujer muy bonita que la miraba con una actitud de superioridad.

BETTY.— ¿Por qué me miras así?
LA MUJER.— Porque no quiero estar aquí.
BETTY.— Llévame a la vida donde tú estás.

Dicho esto, apareció en escena la mujer cantando en un bar en el que la gente estaba bailando. La mujer estaba vestida de manera provocativa y miraba a la gente con desprecio.

BETTY.— ¿Por qué los miras con desprecio?
LA MUJER.— No me gusta lo que hago, no me gusta estar aquí y no me gustan ellos.
BETTY.— ¿Por qué cantas para ellos si los desprecias?
LA MUJER.— Porque ellos tienen lo que yo quiero.
BETTY.— ¿Qué tienen?
LA MUJER.— Dinero.
BETTY.— Entiendo, pero te gusta cantar. ¿Por qué no lo haces con agrado?
LA MUJER.— Me agobian los hombres aquí; se me acercan porque quieren algo sexual conmigo: eso me molesta.
BETTY.— Pero hay otros sitios donde puedes cantar, donde puedes sentirte bien y hacer un intercambio de energía sin desprecio. Tú les cantas y ellos te pagan.
LA MUJER.— Eso quisiera, pero no sé dónde podría ser.
BETTY.— Te voy a ayudar. Maestro Jesús, por favor, preséntate donde ella está y ayúdala a encontrar un lugar mejor.

Apareció en la escena, en el bar, un hombre vestido de blanco que tomó a la mujer de la mano, la sacó del lugar y la llevó a un hermoso restaurante. En el salón de ese restaurante se veía un piano y personas bien vestidas. De pronto, ella apareció allí en la tarima cantando.

BETTY.— ¿Ves? Aquí puedes cantar sin ser acosada.
LA MUJER.— Sí, gracias.
BETTY.— Es importante que veas a las personas con gratitud y no como un medio para favorecer tu parte económica, ¿entiendes?
LA MUJER.— Sí.

Ambas se abrazaron, se despidieron, y traje a Betty de vuelta a su espacio-tiempo. Con el Espíritu Santo, limpiamos el programa de ver a la gente como un fin para obtener dinero y de tener que aceptar trabajos en ambientes desagradables, solo por la retribución económica.

Continué la sesión volviendo a conectar a Betty con la energía del dinero en su vida. Esta vez, apareció una niña de unos seis años, desnutrida y muy pobre, así que le pedí a la energía que nos llevara a la vida paralela donde estaba esa niña. Apareció una escena en la que la niña estaba sola, pasando hambre, escondiéndose detrás de una casa muy vieja y abandonada.

BETTY.— ¿No tienes padres?
LA NIÑA.— Ellos murieron; estoy sola y me duele el estómago por el hambre.

Pedí, a través de Betty, que el maestro Saint Germain se presentara. Este apareció al instante vestido de púrpura y sonriente. Tomó a la niña en sus brazos y se la llevó por un bosque. El ambiente irradiaba mucha luz. Continuamos de la siguiente manera:

BETTY.— ¿Por qué en esa vida estoy viviendo en esa condición?

La respuesta no se hizo esperar: «Porque quisiste pagar tu odio viviendo en soledad, dolor y miedo».

BETTY.— Llévame a la vida que es causa de la vida de la niña.

Apareció en escena una mujer rubia de cabello ondulado, elegantemente vestida, que conducía un auto como de la década de los años 20. Se veía muy cansada, agotada de todo. Puse a Betty en comunicación con ella.

BETTY.— ¿De qué estás agotada?
LA MUJER.— De vivir.

BETTY.— ¿Por qué dices eso?
LA MUJER.— Porque no me gusta mi vida, no me gusta esta sociedad, tener que cumplir tantos compromisos cada día, en un ambiente frío y hostil.

La mujer pertenecía a una familia adinerada que tenía cargos en el mundo de la política. Tenía un padre y unos hermanos muy déspotas que la maltrataban, inclusive con violencia física, si ella se negaba a hacer el papel que le habían asignado dentro del mundo político y social al que pertenecían. Ella, por miedo, no se revelaba; más bien seguía allí cada día, sintiéndose mal por su situación y hasta pensando en quitarse la vida.

Quise indagar sobre el aprendizaje de esa vida.

BETTY.— Quiero saber qué tengo que aprender en esa vida.

La respuesta fue: «El amor propio».

BETTY.— Tú puedes decidir dejar esa vida, no tienes que ser sumisa, no estás obligada a vivir así: ¡vete! Confía en ti misma y en la protección de Dios; desde el lado espiritual de la vida siempre te acompañamos.

La mujer se quedó pensativa y luego dijo: «Sí, lo voy a hacer».

Luego de decir esto, se fue en el auto, en una dirección distinta a la de su casa; se fue a un nuevo rumbo sintiéndose libre para empezar una vida.

Regresé a Betty a la vida de la niña desnutrida. La vio más pequeña, como de tres años de edad. Ahora tenía padres y se veía feliz. Su destino había cambiado, ya no iba a ser huérfana ni a sufrir carencias. Vimos su vida a medida que crecía: era feliz, fue a la universidad y se graduó.

Una vez más, conecté a Betty con la energía del dinero en su vida. Esta vez apareció ella viéndose en un espejo, pero en su reflejo era una mujer rubia, alta y muy hermosa.

BETTY.— ¿Por qué te me presentas como mi reflejo?
LA MUJER.— Porque soy tu alma.
BETTY.— ¿Hay algo más que deba sanar?
LA MUJER.— Vinimos a hacer servicio a la humanidad; solo cambiaste de cuerpo, no pertenecemos a este lugar. Mis otras memorias están bloqueadas, porque así lo decidí. Yo soy tú.
BETTY.— ¿Qué servicio a la humanidad vine a hacer?
LA MUJER.— Sanar, cuidar, proteger, llevar personas de la mano al despertar de la consciencia.

Betty empezó a llorar de gozo y le preguntó: «¿Cómo empiezo a hacer mi propósito?».

LA MUJER.— Siendo libre, sin dolor, sin miedo a vivir, arraigándote a la tierra para que puedas prosperar. Siéntate en la tierra y conéctate con el corazón de ella. —En ese momento le mostró un corazón de cristal que está dentro de la tierra y le dijo—: Conecta tu chakra raíz con el corazón de la madre tierra imaginando que un cordón los une.

BETTY.— Así lo haré.

Ambas se abrazaron y Betty se sintió renovada. Con esto se sanaron los conflictos que Betty estaba experimentando en vidas paralelas y que entorpecían su parte económica. Además, Betty se alineó con su propósito de vida y decidió dedicarse a tiempo completo a hacer lecturas de archivos akáshicos. Ahora sabía que su alma le traería las personas y solo debía ser feliz haciendo su propósito de vida.

CASO 25: PROCRASTINACIÓN

Raúl era un hombre que procrastinaba en casi todo lo que se proponía hacer en el área laboral. Iniciaba proyectos que no terminaba, tomaba cursos que dejaba a la mitad y acariciaba sueños que nunca comenzaba.

Luego de nuestro diálogo inicial, decidí conectarlo con la energía del dinero en su vida. Apareció la energía con la imagen de su madre mirándolo seria, de frente, con una actitud muy erguida.

RAÚL.— ¿Por qué me miras seria?
LA MADRE.— Estoy enojada contigo.
RAÚL.— ¿Por qué estás enojada?
LA MADRE.— Porque yo esperaba que estudiaras una carrera universitaria. Estoy enojada porque no seguiste mis pasos.

Con esta información, llevé a Raúl al universo paralelo donde estaba ocurriendo el conflicto. Apareció una escena de su infancia, a sus once años, en la que su madre y su abuela lo estaban ayudando a estudiar para un examen de Geografía. Él sentía mucha presión por parte de ellas para que se aprendiera rápidamente los territorios. Raúl se dio cuenta en ese momento de que se sentía presionado internamente por el mandato de tener que estudiar o trabajar y, más aún, por la exigencia de tener una vida exitosa en el ámbito laboral.

Bajo la guía adecuada, le di el tiempo para que pudiera agotar la emoción en el niño, y de allí la energía nos llevó a una escena de sus ocho años en la que era el padre quien lo estaba ayudando a estudiar. La lección era de Literatura y se trataba de aprenderse una poesía. Raúl no lograba memorizar la poesía, por lo que el padre lo mandaba una y otra vez a estudiar a su cuarto, con actitud y palabras de desaprobación hacia él y sus capacidades. Con la intervención del Espíritu Santo, se limpiaron estos programas acerca del estudio y su valía personal.

La energía nos llevó a otra escena anterior en la que Raúl se vio más pequeño en la casa, comiendo con su padre mientras este lo regañaba, diciéndole: «Yo nunca le hubiera hablado así a mi padre». En ese momento, Raúl sintió y grabó el condicionamiento de que tenía que comportarse como su padre, y no como él mismo quisiera actuar. Allí, con la ayuda de la supraconsciencia, limpiamos de la consciencia de Raúl el condicionamiento y la desaprobación.

Lo conecté nuevamente con la energía del dinero en su vida y apareció la imagen de su madre en una actitud más cálida. Esta vez lo abrazó. Nuevamente hice la conexión con la energía del dinero en su vida y apareció su bisabuela por parte de madre, mirándolo y victimizándose por su pobreza y por la vida que dijo que le tocó vivir. De aquí, la energía llevó a Raúl a los nueve años, a escenas en las que veía a la bisabuela quejándose por esas causas. Esto había grabado en Raúl programas de escasez, impotencia y victimismo, los cuales fueron liberados con la intervención del Espíritu Santo.

Una vez más, seguí conectando a Raúl con su energía del dinero. Apareció su abuelo por parte de madre con una actitud de querer enseñarle al niño.

RAÚL.— ¿Hay algo que tenga que sanar contigo?
EL ABUELO.— La manera de hacer las cosas.
RAÚL.— ¿A qué te refieres con la manera de hacer las cosas?
EL ABUELO.— A la exigencia.
RAÚL.— ¿Quieres decir que debo o que no debo exigirme?
EL ABUELO.— Debes hacer las cosas con placer, no como una autoexigencia.
RAÚL.— Ok; te entiendo.

Entregamos esos programas de Raúl al Espíritu Santo —el de hacer las cosas por exigencia y no por placer—, con lo cual permitimos que pudiera sentirse libre de actuar a su manera.Una vez más, hice la conexión entre Raúl y su energía del dinero. En esta ocasión, apareció su tío, el hermano de su madre, con actitud de querer corregirlo. La energía lo llevó nuevamente a su niñez, a episodios con el tío en los que le enseñaba cosas y lo regañaba si no las hacía de la manera que él le decía. Esto generaba mucha tensión emocional, nervios y rabia en el niño Raúl, por lo que nuevamente hicimos espacio para que agotara estas emociones dolorosas. Posteriormente, limpiamos el programa con este tío para que el niño quedara libre de poder usar su creatividad y de hacerlo a su manera.

Como correspondía, nuevamente le hice a Raúl la conexión con el dinero en su vida. Esta vez apareció una mujer que era su tía política, es decir, la esposa de su tío, con actitud de estar molesta. La energía nos llevó a la casa de los abuelos de Raúl, a un episodio de mucha violencia verbal. Raúl era un niño de seis años que, en ese momento, estaba sintiendo lástima por su abuela. El conflicto era entre su abuelo y sus dos tíos; estaban peleando porque cada uno de ellos quería hacer las cosas a su manera. Estaban almorzando y el tío buscó unas herramientas para arreglar algo, a pesar de que el abuelo de Raúl le dijo que no lo hiciera con esas herramientas. No obstante, el tío mantuvo una actitud dominante y, al parecer, sobrepasó los límites que el padre le imponía. En ese momento, Raúl niño grabó que hacer las cosas a la manera de uno trae conflicto y peleas y que es malo, porque sobrepasa los límites de los demás. Raúl descargó mucha pena y dolor por su abuela, quien se sentía afectada por lo que estaba ocurriendo. Limpiamos con el Espíritu Santo la idea de que querer hacer las cosas a nuestro modo trae conflictos y peleas; así, Raúl quedó libre para poder hacer las cosas a su manera sin sentirse culpable.

Aún la sesión no llegaba a su fin. Volví a establecer el vínculo entre Raúl y su energía del dinero para testear si aún faltaba más. Efectivamente, aún había más. Esta vez apareció la bisabuela, por parte de padre, con un aura de maldad.

RAÚL.— ¿Por qué esa maldad? ¿Cuál es el origen?
LA BISABUELA.— Condicionamiento para que estuvieran atados a mí.
RAÚL.— ¿Por qué?
LA BISABUELA.— Por celos.
RAÚL.— ¿Celos de qué o de quién?
LA BISABUELA.— De todos, debido a mi inseguridad de no ser suficiente.

Con la supraconsciencia, limpiamos estos condicionamientos. Nuevamente hice la conexión de Raúl con su energía del dinero y apareció el bisabuelo (el marido de la bisabuela paterna). Se mostró como un hombre bondadoso y le dijo: «Vengo a darte bondad y generosidad».

RAÚL.— ¿Te puedo abrazar?
EL BISABUELO.— Sí, ya no tienes más que sanar; el trabajo está hecho.

Ambos se abrazaron amorosamente. Este es un caso donde se puede observar mucha energía que se venía arrastrando de las relaciones familiares, lo que estaba opacando la relación de Raúl con la energía del dinero y lo llevaba a procrastinar y alejarse cada vez más de obtenerlo.

Luego de la sesión, Raúl pudo terminar sus proyectos y darle un giro positivo en este aspecto a su vida y finanzas, dejando así de procrastinar.

CASO 26: CÁNCER DE MAMA

Nairobi es una mujer que había pasado por un cáncer de mama hacía ocho años. Tenía mucho miedo de que la enfermedad pudiera regresar, por lo que decidió hacerse una sesión de CEYS para ir hasta la causa y sanarla. En su proceso médico, había recibido radioterapia, lo que le había afectado los riñones.

La conecté con la energía del cáncer en su cuerpo y esta apareció bajo la forma de una mujer que la miraba con compasión.

NAIROBI.— ¿Por qué me miras con compasión?
LA MUJER.— Porque tienes algo que no te corresponde.
NAIROBI.— ¿Qué cosa?
LA MUJER.— El cáncer.
NAIROBI.— ¿Por qué dices que no me corresponde?
LA MUJER.— Porque no es tuyo.

NAIROBI.— ¿Por qué no es mío? ¿De quién es?
LA MUJER.— De tu bisabuela.

La bisabuela de Nairobi había tenido cáncer. Hice entonces la conexión de Nairobi con la energía del cáncer de su bisabuela y apareció una mujer que no la miraba. Le pregunté el origen del cáncer de la bisabuela y la mujer dijo: «Problemas de pareja».

NAIROBI.— ¿Cuáles problemas de pareja?
LA MUJER.— Dolor y rabia por infidelidades.
NAIROBI.— ¿Qué hizo que yo tomara el cáncer de mi bisabuela?
LA MUJER.— Las grabaciones que hiciste de tu bisabuela sobre las relaciones de pareja cuando comenzaste tú a tenerlos.
NAIROBI.— Entiendo.

En ese momento, trabajamos con el Espíritu Santo para disolver esa grabación que Nairobi había tenido de su bisabuela acerca de que los problemas de pareja producían cáncer de mama, ya que esa había sido la experiencia de la bisabuela. A continuación, la energía nos llevó a otra escena en la que la bisabuela se sentía víctima de su vida, por lo que pude liberar la culpa de ser víctima de esa infidelidad. Nairobi pudo sentir la compasión y la rabia de la bisabuela y con ello se limpió ese programa de infidelidad de su vida.

Luego de esto, hice la conexión nuevamente con la energía del cáncer, tras lo cual apareció su madre. Esta me compartió que también había tenido una experiencia con el cáncer.

NAIROBI.— ¿Qué tienes que decirme sobre esto?
LA MADRE.— Te quiero proteger.
NAIROBI.— ¿De qué quieres protegerme?
LA MADRE.— De que te conviertas en mí.
NAIROBI.— ¿Qué quiere decir eso?
LA MADRE.— Que no quiero que tengas las mismas experiencias de vida que yo.
NAIROBI.— Entiendo, pero eso no es posible. Cada uno tiene su vida.
LA MADRE.— Lo sé, pero es como si estuviera en tu vida.

Desde allí, trabajamos en limpiar el programa de su madre y pudimos liberar el miedo y la rabia que venía de esta experiencia.

Una vez más conecté a Nairobi con el cáncer y esta vez apareció su abuela, quien era la madre de su madre.

NAIROBI.— ¿Qué quieres decirme?
LA ABUELA.— Que tengo miedo de perderte.
NAIROBI.— ¿Por qué tienes miedo?

LA ABUELA.— Porque yo perdí a tu madre y, en este caso, me tocará perderte a ti.
NAIROBI.— ¿Qué hizo que perdieras a mi madre?
LA ABUELA.— La vida.
NAIROBI.— ¿Qué tienes que perdonar de eso?
LA ABUELA.— Nada, porque no quiero perderte a ti.

Trabajamos para liberar esa conexión y allí encontramos a su abuelo, quien también estaba presente en la escena.

EL ABUELO.— Yo quiero hablar.
NAIROBI.— ¿Qué quieres decirme?
EL ABUELO.— Tú tienes vida.
NAIROBI.— ¿A qué te refieres con eso?
EL ABUELO.— A que tienes que vivir tu vida.
NAIROBI.— ¿Quieres decir que tengo que vivir la vida que quiero y no la que me impone la familia?
EL ABUELO.— Sí, no puedes llevar las cargas de tu madre ni de tu abuela.

Con ello, liberamos todos esos mandatos familiares.

Al finalizar la sesión, volví a conectar a Nairobi con su energía del cáncer y ya no había más carga. Ella se sintió libre y pudo empezar un nuevo camino sabiendo que el cáncer no era parte de ella ni de su historia.

CASO 27: INTERPRETACIÓN DE UN SUEÑO

Omaira, una mujer de sesenta y dos años, me pidió una sesión, porque había tenido una pesadilla y quería saber su significado. Estaba preocupada; sentía que el sueño contenía información importante. El sueño era con la esposa del hermano de su esposo, es decir, con su concuñada. Lo más resaltante del sueño era que su concuñada la maldecía y le mostraba un lugar muy feo que despedía un mal olor. Allí se encontraban cadáveres en descomposición en una nevera. Omaira sentía que en el sueño había señales que era crucial que ella conociera.

Luego de hacer el protocolo inicial de CEYS, la conecté con la energía de ese sueño. Apareció una mujer que la miraba con rabia; la energía tomó la imagen de su concuñada.

OMAIRA.— ¿Por qué me miras con rabia?
LA MUJER.— Porque te crees mejor que yo.
OMAIRA.— ¿Por qué dices eso?
LA MUJER.— Porque te hiciste la favorita.
OMAIRA.— ¿La favorita de quién?
LA MUJER.— De nuestra suegra.
OMAIRA.— Ok; entiendo. ¿Y por qué te importa eso?
LA MUJER.— Porque yo quiero ser la favorita.
OMAIRA.— ¿Por qué quieres serlo?
LA MUJER.— Por mis intereses.

OMAIRA.— ¿Cuáles intereses?
LA MUJER.— El negocio.

En ese momento, la energía estaba mostrando algo que Omaira no sabía: la rivalidad oculta que tenía su concuñada por la preferencia de la suegra de ambas. La suegra era la dueña del negocio familiar, una panadería en la que trabajaban ambos hijos de la señora.

OMAIRA.— ¿Y qué quieres que haga?
LA MUJER.— Te voy a destruir, te odio.
OMAIRA.— ¿Y cómo lo vas a hacer?
LA MUJER.— Yo te monto brujerías para destruirte.
OMAIRA.— Ok. Toda la energía que me envías la envuelvo en amor y te la regreso multiplicada por cien.

Al hacer eso, la energía negativa que enviaba la mujer regresó a ella, devolviéndole su propio mal y dejando libre a Omaira. Esta vio cómo la imagen de su concuñada recibía malestar y se desvanecía.

Seguidamente, conecté la energía de dichas brujerías y apareció una entidad masculina.

LA ENTIDAD.— Te voy a destruir.
OMAIRA.— ¿Qué efecto has producido en mí?

LA ENTIDAD.— Enfermo tu cuerpo.

Efectivamente, Omaira había comenzado a padecer dolores intensos y corrientes de energía por todo el cuerpo sin causa aparente, sobre todo en horas de la noche. Cuando abordamos con CEYS a una entidad de bajo astral, esta tiene que presentarse; no puede esconderse, aunque lo intente, y tiene que decirme la verdad.

OMAIRA.— ¿Qué punto vibratorio en mí te permite afectarme?
LA ENTIDAD.— Tu sentimiento de soledad.
OMAIRA.— Te vamos a ayudar a irte a un lugar mejor. Dado que te he descubierto, no voy a permitir que me sigas afectando. Así que aprovecha la ayuda y vete; yo te perdono. Ángeles del rayo amarillo, por favor, abran un portal al plano de la luz donde se encuentra esta entidad y ayúdenlo a fluir a un mundo mejor en el que pueda hacer su revisión en la luz y seguir su evolución.
La entidad no se resistió: fluyó por el portal, guiado por los ángeles, y se fue.

OMAIRA.— ¿Hay alguna otra entidad que me esté afectando?

La respuesta fue negativa, puesto que Omaira vio luz blanca que la envolvía amorosamente. Para que una entidad pueda afectar negativamente a una persona debe haber un punto vibratorio en la persona que lo permita. En el caso de Omaira, eran sus sentimientos de soledad. A continuación, conecté a Omaira con esos sentimientos y la llevé en regresión al origen de ellos. Omaira entró inmediatamente en el evento de la muerte de su padre, a sus veinte años de edad; había llorado mucho y, desde allí, se había quedado anclada a sentimientos de soledad y abandono, además de a la creencia de que cualquier persona con la que desarrollara un vínculo podía irse o fallecer. En esa sesión hice lo adecuado en ella para que esos sentimientos quedaran sanados, y así fue. Terminó la sesión sintiéndose plena y en paz.

Para reforzar sus sentimientos positivos de paz y compañía, le sugerí meditar pidiendo conectar con el amor de Dios, así como hacer amistades con grupos de personas de su edad que se reunían regularmente para hacer diversas actividades en una plaza cercana a su casa. También le recomendé mantener más contacto por videollamadas con sus hijas, con las cuales Omaira, por encontrarse ellas en el exterior, apenas establecía comunicación. Supe de Omaira mucho tiempo después: se sentía estupendamente bien y los dolores habían desaparecido.

CASO 28: DOLORES CORPORALES PRODUCIDOS POR ANSIEDAD

Verónica es una mujer que sufría de muchos dolores corporales; sentía corrientazos en su cabeza y brazos, por lo que se había hecho exámenes médicos y se había tratado con un quiropráctico. Sin embargo, los dolores disminuían muy poco. Se inyectaba analgésicos, se hacía masajes e intentaba de todo sin notar mucha mejoría. Fue entonces cuando se planteó abordar su situación con la terapia CEYS.

Pensé que lo apropiado sería trabajar con la energía de su sistema nervioso. Por eso, luego del protocolo inicial, la conecté con la energía de aquel, tras lo cual se presentó un hombre que no la miraba y que estaba enojado.

VERÓNICA.— ¿Por qué estás enojado?
EL HOMBRE.— Tengo rabia.
VERÓNICA.— ¿Por qué?
EL HOMBRE.— Porque siempre estás apurada.

Con esa información, llevé a Verónica al universo paralelo donde estaba el problema. Apareció ella misma en esta vida cuando estudiaba en la universidad. Se sentía abrumada con tantas tareas; tenía que estudiar de madrugada y dormir muy poco. Siempre hacía todo de forma apresurada para que el tiempo le alcanzara. Había mucho estrés en esas escenas y, debido a esto, también rabia. Le di el tiempo apropiado para liberar esa carga emocional hasta que se sintió tranquila. Luego, limpiamos con la ayuda del Espíritu Santo el programa de andar siempre apurada y estresada.

Hice nuevamente la conexión con el hombre enfocándome en la energía de su sistema nervioso. Esta vez, el hombre la miraba más de frente y le dijo: «Tengo ansiedad».

VERÓNICA.— ¿Por qué tienes ansiedad?
EL HOMBRE.— Porque tengo que asumir demasiadas responsabilidades.

Con esta información, entramos en la vida paralela de Verónica que tenía que ver con esa angustia. Allí se encontraba una chica adolescente huérfana que sufría de ataques de ansiedad al punto de desmayarse. Propicié el diálogo entre Verónica y la chica.

VERÓNICA.— ¿Qué pasó con tus padres?
LA CHICA.— Ambos murieron en un accidente y nos quedamos solos.
VERÓNICA.— ¿Con quién estás?
LA CHICA.— Con mis hermanitos. Yo cuido de ellos porque son pequeños.

Desde que sus padres habían fallecido, la chica estaba cargada de responsabilidades en exceso. Se sentía sola, sin ayuda, y se estaba haciendo cargo de dos hermanitos menores. Trabajaba como vendedora de dulces que ella misma hacía; realizaba todos los quehaceres del hogar hasta quedar exhausta, y sentía que no podía más con tantas obligaciones.

Me pareció apropiado trabajar con ella haciendo regresión para ayudarla a sanar los orígenes de sus sentimientos de soledad y crisis de ansiedad. Así pues, llevé a la chica en regresión en su misma línea de tiempo y apareció en una escena en la que se enteró de la noticia del fallecimiento de sus padres. Para ese entonces, tenía doce años. En la escena, tenía miedo al futuro y grabó programas de soledad y falta de apoyo, debido a que una señora le dijo: «¿Ahora cómo vas a hacer? Te has quedado sola a cargo de tu vida y de la de tus hermanitos».

Con la ayuda del Espíritu Santo, limpiamos en la chica su programa de miedo, soledad y falta de apoyo, hasta que se sintió tranquila. La regresé a su presente y notamos que ahora se sentía con más fuerza en su cuerpo, más serena y empoderada. Vimos que tocaban a su puerta: era una mujer vecina del barrio que fue a ponerse a la orden para ayudarla. Antes, debido a su programa de soledad y falta de apoyo, nadie se le acercaba para prestarle ayuda; ahora la situación había cambiado y comenzó a tener amigas que la ayudaban y apoyaban con los quehaceres de la casa y el cuidado de sus hermanitos. La chica se veía tranquila y se erradicaron esos ataques de ansiedad.

Regresé a Verónica a su espacio-tiempo y pedí nuevamente la presencia del hombre que representó la energía de su sistema nervioso. Ahora, el hombre aparecía tranquilo y sonriente

VERÓNICA.— ¿Hay algo más que tenga que sanar para que tú estés bien?
EL HOMBRE.— Sí: disfrutar más, conectar más con la alegría.
VERÓNICA.— Ok; eso haré. ¿Te puedo abrazar?

Ambos se abrazaron y Verónica le transmitió mucho amor a su sistema nervioso. Hablé con ella para que cambiara su actividad deportiva por una más relajante como el yoga o el taichí, al menos por un tiempo, y estuvo de acuerdo.

Al tiempo, me comentó que dejó de sentir pinchazos, dolores y adormecimientos en sus extremidades, pues eran producto de la sobrecarga de estrés en su sistema nervioso.

CASO 29: AUTOCRÍTICA

María es una mujer que me comentó que estaba muy cansada y abrumada por el trabajo. Dijo que sentía que no era suficiente en su trabajo y, constantemente, se criticaba a sí misma. Me habló de sus miedos e inseguridades: sentía que si algo no le salía bien, nadie la tomaría en cuenta. Fue entonces cuando propuse que trabajáramos el tema de la autocrítica.

Luego de hacer el protocolo de CEYS, la conecté con la energía de su autoexigencia. Apareció una mujer con el rostro tapado que no podía mirarla. María le preguntó por qué se cubría el rostro y la mujer respondió: «Porque no me siento merecedora de ser vista».

MARÍA.— ¿Por qué no te sientes merecedora de ser vista?
LA MUJER.— Porque no estoy satisfecha con lo que hago.
MARÍA.— ¿Desde cuándo te sientes así?
LA MUJER.— Desde que era pequeña. Siempre sentía que debía ser la mejor.

Le hice la invitación a viajar en el tiempo a ese momento de su vida. Al ir hacia atrás, apareció un evento en el que su madre la había comparado con su hermana. Su hermana era una excelente estudiante y María siempre había sentido que era la que menos destacaba.

MARÍA.— ¿Qué le dices a esa niña?
LA MUJER.— Que no soy suficiente.
MARÍA.— No es verdad. Tienes mucho valor; eres especial.
Así, le hice un espacio a la niña para que hablara sobre cómo se sentía y sobre qué pensaba de ella misma. María hizo que la niña comprendiera que sus capacidades eran valiosas, aunque no fueran comparables a las de su hermana.
MARÍA.— ¿Qué te gustaría hacer ahora?
LA NIÑA.— Me gustaría jugar y divertirme.
MARÍA.— ¡Hazlo! Yo te apoyo.

Luego de liberarle el peso de la crítica y la comparación, la mujer comenzó a mostrarse más contenta. María la abrazó; sentí que ambas estaban unidas y en amor. La mujer ahora se dejó ver y era hermosa: mostraba un rostro radiante.

MARÍA.— ¿Qué vas a hacer ahora?
LA MUJER.— Voy a permitirme vivir con más alegría y a disfrutar de mis logros.

Regresé a María a su presente y le pregunté cómo se sentía. Notó una gran liviandad, como si se hubiera quitado un peso de encima. Me comentó que sintió que lo más importante era el trabajo en equipo y que cada uno tenía su propio ritmo de trabajo.

Luego de esa sesión, María me comentó que había podido realizar su trabajo de manera más sencilla y disfrutar de las tareas cotidianas sin la presión de ser la mejor. También empezó a compartir más con su equipo de trabajo y sintió que todo fluía con más armonía.

CASO 30: DIFICULTAD PARA EMBARAZARSE

Blanca es una mujer de treinta y un años que me pidió una sesión, porque tenía dificultad para quedar embarazada; ella y su pareja deseaban tener un hijo.

Conecté a Blanca con la energía de embarazarse y esta apareció en forma de un hombre que le dio la espalda. Blanca se echó a llorar.

BLANCA.— ¿Por qué me das la espalda?

El hombre le mostró una actitud de desprecio y no le quiso hablar.

BLANCA.— ¿Por qué me das la espalda?

El hombre le mostró una actitud de desprecio y no le quiso hablar.

BLANCA.— ¿Por qué me desprecias?
EL HOMBRE.— Tengo mucho dolor, me engañaste.
BLANCA.— ¿Cómo te engañé?
EL HOMBRE.— Tú también me diste la espalda.
BLANCA.— ¿Qué te hice?
EL HOMBRE.— Tomaste tu maleta y te fuiste; me dejaste solo.
BLANCA.— ¿Por qué te dejé?
EL HOMBRE.— No lo sé, no me diste explicaciones.

En este punto, parecía que se trataba de información que estaba ocurriendo en un *yo paralelo* de Blanca, así que la llevé al universo donde estaba el conflicto, tomando la frase: «Me fui y lo abandoné»

Blanca entró en una vida paralela en la que había un yo suyo; era una mujer que era pareja de este hombre. La mujer deseaba hacer cosas, cumplir sueños y sentía que con él no podía realizarse. Establecí contacto entre Blanca y su *yo paralelo.*

BLANCA.— Escúchame, quiero hablar contigo.

La mujer percibió la presencia de Blanca y prestó atención.

BLANCA.— ¿Cuáles son tus sueños? ¿Qué es lo que sientes que él no te deja hacer?

LA MUJER.— Quiero viajar, quiero hacer otras cosas.
BLANCA.— ¿De qué manera lo engañaste?
LA MUJER.— Él piensa que lo engañé porque yo no deseo tener hijos. Tener un hijo sería para mí un obstáculo para poder hacer otras cosas que me hagan feliz, como viajar, por ejemplo.
BLANCA.— Ok, te entiendo; pero para que realmente puedas ver si eso que estás eligiendo es lo que mejor te conviene, nos vamos a desplazar en dos de tus líneas de tiempo futuras para que lo puedas ver por ti misma. Vamos a desplazarnos en el tiempo hacia tu futuro: supondremos que decides no tener hijos. Vamos a ver cómo será tu futuro; observa, pon tu mente receptiva.

En ese momento, le hice una progresión al *yo paralelo* de Blanca, a través de Blanca; el resultado, como es de esperarse, lo vieron ambas.

La progresión mostró a la mujer ya madura; había viajado mucho, realizado cosas, estaba feliz, no había tenido hijos y, aunque se sentía bien, le hubiera gustado tener un hijo varón. La mujer madura se daba cuenta de que el asunto no era no poder tener un hijo para viajar y realizarse, sino que el marido que había escogido era un hombre autoritario. Traje a la mujer nuevamente a su presente y pedí la presencia del maestro Jesús para ayudarla en su dilema. Jesús, al llegar, la abrazó con su amor y le dijo que todo iba a estar bien, que no tuviera miedo, que era una hija de Dios amada y protegida por nuestro Padre-Fuente.

El maestro le preguntó: «¿Qué quieres realmente?», a lo que la mujer contestó: «Ser feliz; quiero una pareja y un hogar, pero también viajar y realizar más cosas en mi vida». El maestro le contestó: «Te puedes embarazar y podrás viajar y ser feliz. ¿Entiendes?». Ella le contestó que sí, que se le había ido el miedo.

Nuevamente le hice progresión, ahora partiendo del nuevo punto de energía ya sanada por el maestro. Esta vez, la energía apareció como una mujer con un niño, que era su hijo. Su pareja estaba al lado de ella y ambos tenían maletas, porque estaban viajando, estaban muy unidos y felices.

Con la ayuda del Espíritu Santo, limpiamos el programa de que un hijo era un obstáculo para sus propósitos y su felicidad.

La volví a conectar con la energía del miedo de ella a embarazarse y apareció el mismo hombre de antes, pero ahora la miraba sonriente.

BLANCA.— ¿Hay algo más que deba sanar para poder embarazarme?
EL HOMBRE.— Que aceptes el embarazo.
BLANCA.— ¿Hay algo que me impida aceptarlo?
EL HOMBRE.— Memorias que quedaron de tu linaje materno; hijos no deseados.

Conecté a Blanca con la energía de su linaje materno en relación con la maternidad. Entonces, apareció una mujer muy grande y hostil que reflejaba que no era feliz.

BLANCA.— ¿Por qué estás enojada y no eres feliz?
LA MUJER.— Porque tuve hijos que no deseaba tener.
Gracias a la intervención del Espíritu Santo, también limpiamos el programa heredado de no querer tener hijos, por estar asociado a la infelicidad.
BLANCA.— ¿En qué porcentaje se limpió el programa?

La respuesta era: «90 %».

Hice la conexión con el momento en el que ese programa se grabó en Blanca y esta entró en un universo paralelo, justo en el momento en el que estaba en el vientre materno. Blanca percibió el miedo y la confusión que su madre sentía por estar embarazada. Por otro lado, la relación con el padre de Blanca era inestable, por lo que la madre se sentía sola con una responsabilidad muy grande que le daba miedo. Además, sentía que era culpable de no haber buscado un mejor padre para su hijo, y que tener un hijo no le permitiría realizar sus metas. Todas estas emociones las sintió también la bebé Blanca en el vientre. Para sanar eso, usamos el supraconsciente hasta que la madre de Blanca se sintió libre, a pesar de tener la responsabilidad de un hijo. Así cesaron las emociones de miedo y confusión.

Conecté nuevamente a Blanca con su energía de quedar embarazada y apareció un hombre con una hermosa mirada, sonriente y feliz.

BLANCA.— ¿Ya sané lo que tenía que sanar para poder embarazarme?
EL HOMBRE.— Sí, ya lo sanaste.

Blanca superó su dificultad para quedar embarazada.

CASO 31: PREPARACIÓN PARA UNA OPERACIÓN

Luisa es una mujer que ya se había hecho sesiones conmigo para sanar varias situaciones de su vida. En una siguiente oportunidad, me contactó de nuevo porque se iba a operar y estaba un tanto nerviosa. Me contó que en su juventud se había inyectado biopolímeros en las nalgas y que, al cabo de unos años, empezó a sufrir dolores en la columna y problemas debidos a las partículas del biopolímero que habían emigrado a otras zonas de su cuerpo, según le explicó el médico con el que se estaba atendiendo. Así pues, ella quería hacerse una sesión para eliminar temores asociados con la cirugía y que, así, todo saliera bien.

Luego de hacer el protocolo inicial de CEYS, la conecté con la energía de su convenida operación; esta se presentó en forma de una mujer muy molesta.

LUISA.— ¿Por qué estás molesta?
LA MUJER.— Estoy molesta conmigo.
LUISA.— ¿Por qué estás molesta contigo?
LA MUJER.— Porque soy la culpable.
LUISA.— ¿La culpable de qué?
LA MUJER.— De este conflicto.

Al decir esto la mujer, Luisa se echó a llorar fuertemente y me dijo: «Eso siento: que soy la culpable de esto, por haberme puesto los biopolímeros. Siento mucha rabia hacia mí misma y mucha culpa: culpa por preocupar a mis hijos y por todo lo que esto ha traído en consecuencia».

Le pedí a Luisa que sintiera toda esa rabia y culpa hasta lo máximo con el fin de sacarla toda, y así lo hizo en un proceso que duró como media hora. Una vez liberada la rabia y la culpa, le entregamos ese programa al Espíritu Santo para que lo disolviera y evitara así que se pudiera producir alguna situación negativa en la operación, debido a un autocastigo subconsciente.

Le expliqué a Luisa que la culpa debe sanarse y que para ello hay que perdonarse teniendo en cuenta que cuando obramos, lo hacemos desde el nivel de consciencia que tenemos, y en el tiempo, nuestro nivel de consciencia crece. Por ello no debemos juzgarnos, sino entender que no podíamos haberlo hecho mejor, dado que ese era el nivel de consciencia que teníamos en ese entonces. Y que, además, en la época en que ella se puso los biopolímeros no había la suficiente información como hoy en día, así que era ilógico acumular sentimientos de juicio y culpa hacia ella misma. Ella lo comprendió y se liberó de esos sentimientos.

Pedí que nuevamente se presentara la mujer y, en esta oportunidad, se presentó sonriente, llena de paz, lo cual me indicó que ya había sanado y que la operación estaría muy bien. Efectivamente, luego de la operación, me comuniqué con ella y todo estuvo muy bien; su recuperación fue perfecta.

CASO 32: PROBLEMAS DE ALERGIAS

Claudia, una chica de 28 años, acudió a mi consulta por recomendación de su madre, debido a sus recurrentes problemas de alergia. Era alérgica a los desinflamatorios, al polvo, al pelo de los animales, entre otras cosas. La alergia se manifestaba en su piel en forma de erupción, además de ocasionarle dolores de cabeza y mareos.

Luego del protocolo inicial de CEYS, conecté a Claudia con la energía de sus alergias y apareció la energía con la imagen de su madre mirando en otra dirección.

CLAUDIA.— ¿Por qué no me miras?
LA MADRE.— Porque estoy ocupada.

Con la frase «mi mamá no me mira, porque está ocupada», llevé a Claudia al lugar donde se estaba originando el conflicto. Entró en una escena de su niñez en la que su madre le estaba dando pecho a su hermanita y Claudia en ese momento le pedía a aquella algo que deseaba, pero la madre le dijo que se esperara. Claudia sintió tristeza y falta de atención. Luego, en un intento por ganar su interés, le haló la ropa, pero no consiguió ningún resultado. Di tiempo para que Claudia drenara la emoción de la niña; con el Espíritu Santo limpiamos el programa de falta de atención hacia ella.

Nuevamente conecté a Claudia con la energía de sus alergias. Esta vez la energía tomó la forma de su tía, de nombre Carmela, quien se le presentó mirándola con actitud de desaprobación.

CLAUDIA.— ¿Por qué me miras así?
LA TÍA.— Porque eres menos que yo.
CLAUDIA.— ¿Por qué dices que soy menos que tú?
LA TÍA.— Por el papá que tienes.
CLAUDIA.— ¿A qué te refieres?
LA TÍA.— A que tu mamá escogió mal al elegir a tu papá.
CLAUDIA.— ¿Por qué lo dices?
LA TÍA.— Porque él no tiene dinero.

En este punto, conecté a Claudia con la frase «mi tía Carmela me desaprueba» y la llevé al origen de esta situación. La situación estaba ocurriendo en la vida actual de Claudia, pero en su niñez. La niña estaba en una cafetería con su madre, su tía y su hermana. La tía le dijo a la madre de Claudia que debía dejar al padre, que debía criar mejor a sus hijas. La madre lloraba y Claudia se sintió menos en esa situación; sintió rabia, dolor y desaprobación. Luego de soltar adecuadamente la carga emocional, quitamos, con la ayuda del Espíritu Santo, los programas que se grabaron en Claudia.

Proseguí haciendo una vez más la conexión de Claudia con la energía de sus alergias y, esta vez, no apareció nada. La conecté entonces con la energía de estar libre de alergias e hizo acto de presencia una mujer con buena actitud.

CLAUDIA.— ¿Hay algo más que tenga que sanar para quedar libre de alergias?
LA MUJER.— Tu inseguridad.
CLAUDIA.— Llévame a la escena en la que estoy grabando esa inseguridad.

Casi de inmediato, Claudia entró en una escena en la que, de niña, se estaba peinando y sentía frustración, porque no se veía en el espejo como ella quería; se sentía fea. Así que dedicamos tiempo para que agotara las emociones en relación con esa inseguridad por su apariencia. Posteriormente, quitamos toda huella del programa de inseguridad con la ayuda del Espíritu Santo.

CLAUDIA.— ¿Hay algo más que tenga que sanar para erradicar mis alergias?
LA MUJER.— Por los momentos ya está bien.

Pasados unos meses, contacté a Claudia y me dijo que las alergias habían cesado en casi un 100 %.

CASO 33: PROBLEMAS DE SOBREPESO

Orlando, un hombre obeso, tenía treinta y nueve años al llegar a mi consulta. Sufría problemas de sobrepeso y se sentía muy incómodo y frustrado. A pesar de tratar una y otra vez, no lograba bajar de peso, pues interrumpía las dietas y sufría del efecto rebote. Por todo ello, estaba muy decepcionado y abatido.

Empezamos la sesión. Lo conecté con la energía de su sobrepeso y la misma se presentó con la imagen de una mujer que lo miraba de manera arrogante. Él la pudo identificar como la hermana de su padrastro.

ORLANDO.— ¿Por qué me miras de forma arrogante?
LA MUJER.— Porque eres feo.
ORLANDO.— ¿Y por qué dices que soy feo?
LA MUJER.— Porque eres diferente y no perteneces a esta familia.

En ese momento, apareció una escena en la que Orlando, a sus quince años, estaba en una reunión familiar. En ese entonces, él era delgado. Al llegar, escuchó a la tía decir que él era el patito feo de la familia. El chico sintió incomodidad, vacío, desprecio y rechazo; aquellas palabras lo hacían sentir inadecuado.

Dejé la holgura de tiempo suficiente para que Orlando drenara esas emociones atrapadas para luego llevarlo más atrás a otra escena anterior que tuviera relación con la situación. Apareció entonces un episodio a sus siete años, en el que el padre y la madre estaban peleando fuertemente. El niño sentía mucha tristeza y frustración; quería hablar con el padre, pero la madre no lo dejaba. Sentía que no era feliz con esos padres y que no pertenecía a esa familia, lo que le producía mucha ansiedad. El niño calmaba su ansiedad comiendo en exceso.

Dimos tiempo para que el niño agotara toda su carga de ansiedad hasta el punto de no necesitar la comida como un medio para relajarse. Luego, puse a Orlando de treinta y nueve años a hablar con el de siete años.

ORLANDO.— No te sientas mal: no estás solo, no tengas miedo. Yo estoy contigo, he venido a darte mi amor y mi protección.

Orlando adulto abrazó a Orlando niño y este empezó a sentirse mejor; ¡hasta lloró en los brazos del adulto! A medida que recibía su amor y sentimientos de protección, el niño se fue calmando.

ORLANDO.— Quiero que la mujer que se presentó antes se presente otra vez, por favor.

La mujer, o sea, la energía con la imagen de la tía, no se presentó. Eso me indicó que la situación estaba mejorando.

Conecté a Orlando nuevamente con la energía de su sobrepeso, tras lo cual apareció un hombre que lo miraba un poco serio.

ORLANDO.— ¿Por qué me miras serio?
EL HOMBRE.— Porque no te valoras a ti mismo.
ORLANDO.— ¿Cuándo no me valoro a mí mismo?
EL HOMBRE.— Cuando no te das importancia ni se la das a tus metas o a lo que tiene valor para ti.

Con la frase «no me valoro» llevé a Orlando a la vida paralela donde estaba el conflicto. Apareció una mujer gorda que estaba llorando, tenía veintisiete años y se encontraba en la época de los años 50.

Establecí comunicación entre ambos.

ORLANDO.— ¿Por qué lloras? ¿Qué te sucede?
LA MUJER.— Porque no valgo nada.
ORLANDO.— ¿Por qué dices eso?

LA MUJER.— Porque soy fea y no quiero mirarme en el espejo.
ORLANDO.— La gente no es valiosa o deja de serlo por su físico; no debes pensar así.
LA MUJER.— No entiendes, a mí nadie me va a querer.
ORLANDO.— Lo que hace que nadie te vaya a querer no es tu físico, es tu rechazo hacia ti misma. De esa manera, haces que los demás te rechacen. Si tú te aceptas, los demás te van a aceptar y te van a querer, porque lo que vivimos en nuestras vidas siempre es el reflejo de nuestros propios pensamientos, ¿entiendes?
LA MUJER.— No sabía eso.
ORLANDO.— Así es. No te lamentes tanto, valórate tú, quiérete tú, y otros te querrán de vuelta.
LA MUJER.— ¿Cómo puedes estar seguro de eso?

Consideré oportuno hacerle una progresión a la mujer para que ella lo viera por sí misma. Así que la sesión continuó de la siguiente manera:

ORLANDO.— Vamos a suponer que sigues con tu misma forma de pensar: no valorándote, lamentándote. Nos moveremos en el tiempo y vamos a ver cómo será tu futuro.

En este punto, la mujer relató que se veía mayor, que había tenido una vida triste, llena de envidia y frustración. No se había casado ni había logrado casi nada.

La llevé nuevamente a su presente y planteamos la segunda opción de la progresión.

ORLANDO.— Vamos a suponer que empiezas a valorarte, a quererte, a pensar bien de ti. Nos vamos a mover en el tiempo hacia el futuro y vamos a ver cómo será… Observa.

Ahora apareció en escena la mujer vestida con un traje que la hacía ver muy bonita, sonriente, más delgada. Tenía esposo e hijos y estaba en una fiesta con familia y amigos, todos celebrando. La mujer se sentía amada y feliz y entendió lo importante que era aceptarse y valorarse tal como era.

Conecté nuevamente a Orlando con la energía de su sobrepeso y apareció un hombre que se despidió de él y se alejó.

A los dos meses, Orlando había bajado considerablemente de peso, se sentía mucho mejor, estaba más activo y empoderado.

Si bien es cierto que para adelgazar es importante seguir una alimentación sana y ejercitarse, también es cierto que si el subconsciente está cargado de información que sabotea la pérdida de peso, el proceso se dificultará grandemente.

Postulados de la vida actual o de vidas paralelas, tales como «si no como mamá no me va a querer» o, por ejemplo, «tengo que terminarme todo el plato, quiera o no, porque me pueden castigar» producen conductas que llevan a comer en exceso. He visto que, en ocasiones, esto se debe a vidas paralelas en las que se está pasando hambre por falta de alimentos, y esas carencias son compensadas en la vida actual del paciente llevándolo a comer en exceso. En otras ocasiones, tiene mucho que ver con la incapacidad del individuo de priorizarse. Lo importante es que en la práctica de CEYS la energía nos lleva a la causa del conflicto y, de este modo, podemos sanarlo.

CASO 34: RELACIÓN DE PAREJA

Alejandra es una mujer de treinta años que acudió a mi consulta porque deseaba trabajar en sus relaciones de pareja. En todas las relaciones que había tenido siempre sentía que no era una prioridad para la otra persona. En algunos casos, la madre del chico era la prioridad, y en otros, su trabajo. Todo esto la llevó a cuestionarse a qué se debía su situación y cómo podría comenzar a ser más importante en la vida de sus parejas.

Después de realizar los pasos iniciales de la terapia CEYS, conecté a Alejandra con su energía vinculada a las relaciones de pareja. Lo primero que apareció fue una mujer que le daba la espalda.

ALEJANDRA.— ¿Por qué me das la espalda?
LA MUJER.— Porque estoy agotada.
ALEJANDRA.— ¿De qué estás agotada?
LA MUJER.— De ti.
ALEJANDRA.— ¿Por qué estás agotada de mí?
LA MUJER.— Porque tú no te ves.
ALEJANDRA.— ¿Por qué dices que yo no me veo?
LA MUJER.— Porque no te determinas en tus decisiones, ni en tu trabajo, ni en tu estilo de vida.

Con la información «no me veo y no me determino en mis decisiones», llevé a Alejandra a la vida paralela donde se originaba el problema. Inmediatamente comenzó a sentir como si estuviera en una esquina siendo empujada por el pecho.

ALEJANDRA.— ¿Qué me empuja?

Sintió que la respuesta era que una fuerza la empujaba, y experimentó miedo. La llevé al momento en el que estaba ocurriendo ese empuje, tras lo cual apareció la imagen de un primo lejano llamado Alexis. Poco a poco fue entrando en la escena: se trataba de un episodio de su niñez, cuando tenía seis años, en el que, estando en la casa de unos tíos, este primo la llevó a su habitación con la excusa de jugar juntos. Una vez allí, él tocó sus partes íntimas y la tumbó al suelo. Alejandra sintió asco y miedo. Él le dijo que no debía decir nada, por lo que ella creyó que era importante que su madre no se enterara y pensó: «Que nadie me vea». Además, grabó en su subconsciente que era malo hablar.

Con la ayuda del Espíritu Santo, borramos y depuramos las programaciones que se formaron en Alejandra debido a este incidente: no querer ser vista y la creencia de que era malo hablar. Posteriormente, pudimos continuar.

Conectamos nuevamente la energía de sus relaciones de pareja y esta tomó la forma de una mujer en actitud desafiante.

ALEJANDRA.— ¿Por qué me estás retando?
LA MUJER.— Porque tú siempre logras lo que quieres.

Tomando esta frase, llevé a Alejandra al evento relacionado. Apareció una escena en la que su padre la había ido a buscar. Ella era una niña de aproximadamente tres años que se sentía triste porque deseaba estar con su papá, pero no podía, ya que sus padres se habían separado. En este episodio, los padres estaban peleando: el padre quería llevarse a la niña a pasear, pero la madre no accedió y, más bien, le gritó que se fuera, dándole la espalda. Alejandra pensó: «Quiero estar con mi papá; él quiere estar conmigo, pero mi mamá no me deja»; así grabó en ese episodio la imposibilidad de estar con el hombre.

Entregamos esta programación al Espíritu Santo y proseguimos conectando nuevamente la energía de las relaciones de pareja en la vida de Alejandra. Esta vez, la energía tomó la forma de un hombre sentado que la llamaba para que se sentara a su lado. Ella lo hizo y notó que se sentía amada, mirada y acompañada por la figura del hombre. Esto me indicó que la energía de sus relaciones de pareja ya se había sanado.

CASO 35: SANAR LA RELACIÓN CON EL DINERO

Laila solicitó una sesión, porque tenía dificultades para generar ingresos. Era comerciante de productos de belleza, un negocio que consideraba prometedor pero, a pesar de su esfuerzo y dedicación, no lograba alcanzar sus metas.

Comencé con el protocolo de CEYS conectándola con su energía relacionada con el dinero. La energía se presentó como una mujer que no la miraba y solo daba vueltas en círculo.

LAILA.— ¿Por qué das vueltas y no me miras?
LA MUJER.— Estoy molesta contigo.
LAILA.— ¿Por qué estás molesta conmigo?
LA MUJER.— Porque me has usado para cosas que no son útiles.
LAILA.— ¿Por qué dices eso?
LA MUJER.— Porque me has malgastado.
LAILA.— ¿En qué te he malgastado?
LA MUJER.— En compras y en viajes.
LAILA.— ¿Por qué dices que eso es malgastarte?
LA MUJER.— Porque no son una necesidad.

Con la información «he malgastado el dinero», proporcionada por la energía, llevé a Laila a la línea de tiempo donde se originaba el problema. Apareció la imagen de la abuela de Laila diciendo: «Hay que sacrificarse para tener dinero. Cuando llegué a este país, porque tuve que emigrar, pasé muchas necesidades». Además, estaba rompiendo unos papeles que representaban su acta de matrimonio con el abuelo de Laila; llorando, expresó que se sentía utilizada y cansada.

LAILA.— ¿Por qué te sientes utilizada?
LA ABUELA.— Se aprovechan de mí.
LAILA.— ¿Cómo se aprovechan de ti?

LA ABUELA.— Me siento como una sirvienta que no vale nada.

Usando el supraconsciente, reestructuramos esa línea de tiempo para que la abuela ya no se sintiera así y para que Laila sanara la creencia de que había que sacrificarse para tener dinero y que este solo alcanzaba para cubrir necesidades básicas.

Conecté nuevamente a Laila con la energía del dinero en su vida y apareció una mujer con las manos en la cintura diciéndole: «Me fastidias; no tengo tiempo para ti».

Con la frase «el dinero no tiene tiempo para mí», la llevé al universo paralelo donde se gestaba esa asociación. Apareció el abuelo materno de Laila, molesto, dando un golpe en la mesa y exclamando: «¡El dinero es mío!». Estaba discutiendo con alguien que se había quedado con su dinero y Laila había presenciado esa escena.

Con el favor del Espíritu Santo, limpié el programa de rivalidad, pelea, miedo y molestia por el dinero.

Nuevamente, conecté a Laila con la energía correspondiente. Esta vez apareció una mujer celebrando con un regalo para Laila en sus manos.

LAILA.— ¿Qué celebras? ¿Qué me quieres entregar?
LA MUJER.— Celebro y te quiero entregar tus logros, pero no los puedes recibir, porque te falta confianza.

Con esta frase, llevé a Laila al lugar donde se estaba gestando ese conflicto. Una escena en la que tenía tres años de edad y la abuela la estaba regañando por haber tomado algo de una mesa, Laila se asustó y grabó que no debía agarrar las cosas, lo cual se tradujo en dificultad para recibir. Con la ayuda del Espíritu Santo limpiamos ese programa y, seguidamente, la energía se le apareció en forma de una hermosa mujer que la abrazó y le dijo que ya estaba lista para recibirla en su vida. Bailaron y celebraron juntas.

Las ventas de Laila empezaron a mejorar inmediatamente, lo que me produjo mucha alegría por ella.

CASO 36: PROGRESIÓN A FUTURO

Nina es una chica de veinticinco años que se sentía confundida acerca de cuál actividad laboral elegir. Se había graduado como odontóloga y trabajaba en un consultorio alquilado, pero no le iba bien en su desempeño profesional, ya que no se sentía realmente a gusto con ese trabajo. Por esta razón, me pidió que realizáramos una progresión al futuro para examinar esta área de su vida.

Las opciones que consideraba que podrían hacerla sentir bien eran las siguientes:

1. Dedicarse al diseño de interiores, porque le gustaba y tenía talento para ello.

2. Abrir un negocio en línea de venta de ropa tejida, ya que sabía tejer y lo hacía bien.

3. Prepararse como asesora en nutrición.

Planteamos esas tres opciones, además de una cuarta, que sería continuar con la odontología.

En la opción 1, Nina se sintió bien haciendo lo que hacía, pero se vio con pocos clientes, ya que parecía que la gente buscaba otras opciones en el mercado que eran muy económicas. No era algo tan necesario para la gente contratar a un asesor o diseñador, por lo que no se vio prosperando mucho.

En la opción 2, vio que podía hacer crecer su negocio de venta de ropa tejida, aunque el crecimiento era lento. Vio que se cansaba con el tiempo y que se le hacía aburrido.

En la opción 3, vio que culminaba su preparación con éxito, y le agradaba mucho el contacto con las personas para ayudarlas en su salud y nutrición. Fue la opción en la que se sintió más contenta, útil y se vio atendiendo una gran demanda de clientes y ganando mucho dinero.

En la opción 4, se vio igual, sin progreso, sin ánimo ni prosperidad.

Estaba claro que la opción 3 era la mejor para Nina, así que decidió que estudiaría para ser asesora nutricional y se dedicaría a eso.

Si el lector desea una sesión de CEYS se puede comunicar para pedir información por el correo: maestrosdepaz@gmail.com

Las sesiones las hago vía *on-line.*

CAPÍTULO 5

SOBRE LA ENERGÍA

En el tiempo que he estado realizando terapia CEYS, he podido familiarizarme con la energía y comprender ciertos aspectos acerca de su funcionamiento. Por ello, quiero añadir este capítulo para ayudar a las personas a entender cómo opera la energía, con el fin de evitar errores que suelen cometerse por desconocimiento, los cuales pueden traducirse en dolor, bloqueos y problemas continuos.

Para que una energía pueda manifestarse de manera plena y positiva en nuestra vida debemos estar en total armonía con ella. Como el lector habrá notado al leer las sesiones de terapia de ejemplo, es fundamental ir eliminando y sanando todo aquello que opaca la buena energía en cuestión. A continuación, me referiré a energías muy comunes como ejemplos.

LA ENERGÍA DE SALUD

Empecemos por la energía de salud. La razón de ello es porque considero que es una de las más fáciles de entender. Nos resulta obvio que si no comemos adecuadamente, no dormimos lo necesario, nos excedemos en el consumo de sustancias tóxicas, o no practicamos hábitos de ejercicio y de higiene saludables, podemos enfermarnos. Además, el estrés que genera continuamente el cortisol y los pensamientos negativos nos intoxican, ya que provocan emociones de baja vibración energética que pesan sobre el cuerpo y lo mantienen en un estado de alerta constante. Estos factores, junto con pensamientos recurrentes como «estoy mal», «estoy enfermo» o «me siento débil» afectan la energía de la salud.

Asimismo, el cuerpo físico actúa como un receptáculo de lo que hay en la mente subconsciente; así, los deseos de morir, los pensamientos de resentimiento, odio y deseos negativos hacia otras personas impactan negativamente en la salud de quien los piensa. Cada órgano es una entidad que se carga con la conciencia de su dueño, con su dolor, rabia, impotencia y tristeza, lo que puede llevar a perder su energía vital y manifestar enfermedades.

Por el contrario, si un órgano se carga de buena actitud, alegría y amor, se manifiesta fuerte y saludable. También puede suceder que un *yo paralelo* no esté valorando su salud y esté transmitiendo algún tipo de energía tóxica que repercute en la persona, ya sea un *yo paralelo* en una vida pasada. Para que la salud esté presente en la vida de una persona, esta debe aceptarla y conectar con pensamientos que la hagan sentirse saludable.

LA ENERGÍA DEL DINERO

En cuanto a la energía del dinero, muchas personas no asocian sus actitudes pasadas y presentes con respecto a él como la causa de sus limitaciones. A menudo piensan que se debe a mala suerte o falta de merecimiento. Aunque la falta de merecimiento puede ser una causa, no es la única ni la más común que afecta la fluidez del dinero. Para que una energía quiera estar con nosotros debemos apreciarla, valorarla y evitar usarla en actos antiéticos o en contra del amor. Muchas personas no se dan cuenta de que la causa de su escasez de dinero se debe a que no les importa pagar sus deudas; más bien, se desentienden de ellas, se aprovechan de otros para sacarles provecho económico, practican la usura al prestar dinero, roban o se apropian indebidamente de lo que no les pertenece. En ocasiones, estos actos no se cometen en la vida actual, pero sí en «vidas pasadas paralelas», lo que puede traer calamidades. De manera similar, si una persona ha practicado la generosidad y es dadivosa con otros sin ninguna intención más que el amor de dar, recibe de diversas formas el fruto de sus buenas acciones en bendiciones económicas.

No hay nada más justo que la energía, y nadie puede burlarse de ella. Los pensamientos que deshonran al dinero lo alejan de la persona que los emite. La mejor forma de entender esto es personificando: si una persona se siente maltratada, culpada o criticada, no desea estar con quien la trata así. Por lo tanto, pensamientos como «el dinero es sucio», «el dinero es la fuente de todos los males» o «el cochino dinero» lo alejan.

Culpar al dinero por las carencias sufridas en la infancia, por ejemplo, hace que este se aleje. Las actitudes de avaricia, es decir, el deseo de retener a toda costa todo el dinero posible sin darle movimiento, provocan que se sienta asfixiado por el apego y quiera huir. Ser extremadamente pichirre consigo mismo y no permitirse disfrutarlo es una forma de apego que lo deshonra. De igual manera, el derroche al gastarlo en exceso en cosas banales provoca una sensación de poco valor personal.

Ahorrar es correcto, principalmente porque hace sentir a la persona que tiene dinero y ese pensamiento atraerá más. Sin embargo, no se debe ahorrar desde el miedo; pensamientos como «hay que tener dinero guardado por si ocurre algo malo, una tragedia o una enfermedad» no son de ayuda para que el dinero fluya, ya que se basan en el miedo. Otra creencia que puede alejar el dinero, ya sea consciente o inconscientemente, es la que dice que «el dinero es peligroso porque te pueden robar, hacer daño o incluso hasta matar para quitártelo». Estas creencias suelen formarse debido a experiencias de ver robos o asesinatos en familiares o conocidos a causa del dinero.

Hay personas que se sienten incómodas cuando les digo que, para que el dinero esté en sus vidas, también hay que amarlo; y es que han recibido una formación religiosa que ve esto como ambición desmedida o avaricia. No obstante, amar al dinero no significa ser avaricioso ni amarlo por encima de las personas. Es importante entender que el dinero es una energía del campo cuántico y, como todas estas, puede entrar fácilmente en nuestras vidas al limpiar las creencias y actos que bloquean su entrada.

Cuando trabajamos en una sesión de CEYS la energía del dinero saca a la luz todo lo que está obstaculizando su llegada a la vida de la persona. Con CEYS se reestructuran las líneas de tiempo y la persona toma consciencia de lo que no ha estado haciendo bien, si es el caso. Posteriormente, es fundamental que tenga en cuenta lo que la energía le mostró, lo que implica acciones como honrar sus deudas, hablar positivamente sobre el dinero y realizar cualquier acción que la energía haya indicado en la sesión.

Es comprensible que algunas personas se confundan al ver a quienes roban, engañan o realizan actos hostiles para obtener dinero y que parecen tener éxito económicamente. Sin embargo, esto no debería desconcertarlas, ya que simplemente significa que el retorno de su mal manejo de la energía aún no les ha llegado, pero inexorablemente les llegará, pues nadie puede burlarse de la energía. Puede suceder que enfrenten una vida de limitaciones y padecimientos en una «realidad paralela futura».

Por el contrario, si una persona ha trabajado honestamente para conseguir sus bienes materiales y sufre un robo o presta dinero que no le devuelven, ese dinero le llegará por alguna vía, porque le pertenece. En esos casos, lo mejor es soltar y permanecer tranquilo. Este punto es crucial, ya que he visto en sesiones cómo algunas personas bloquean su energía del dinero al alimentar rabia, frustración o dolor por un dinero o bien que fue robado, estafado o perdido de alguna manera, lo que empaña así la llegada del dinero a sus vidas. Al dinero le gusta y requiere que la persona se sienta feliz con respecto a él para sentirse cómodo y querer estar con ella. También podemos mencionar el caso de las personas que no son agradecidas con lo que tienen y con lo que reciben; ellas siempre sienten que no es suficiente, y esto se traduce en crear insuficiencia en su experiencia.

En las sesiones de CEYS trabajando el tema del dinero, he observado situaciones en personas que han bloqueado la llegada del dinero por culpa, especialmente cuando algún familiar cercano se ha dedicado a estafar o a apropiarse indebidamente de dinero ajeno.

Por supuesto, existen creencias subconscientes específicas y variadas en las vidas de las personas que bloquean la energía del dinero. Sin embargo, aquí he expuesto algunas de las más generales y comunes que el lector puede tener en cuenta para realizar un autoexamen y así corregir aquellas que estén a su alcance.

LA ENERGÍA DE LA RELACIÓN DE PAREJA

Es muy común que las personas deseen establecer un vínculo de pareja sano que les aporte felicidad. Sin embargo, lo primero que debemos comprender es que el deseo primordial por el cual se debería anhelar una pareja es para dar amor, para compartir nuestra vida con otro y para acompañarnos sanamente, no para llenar carencias o vacíos. Por esta razón, una persona que se siente sola emite una frecuencia de energía de soledad atrayendo así más soledad y no una pareja. Esto es común, pero existen más causas que suelen incidir, las cuales describiré a continuación.

En el ámbito de las relaciones románticas, la energía me ha permitido observar a lo largo del tiempo diversas dinámicas. He atendido a personas que no comprenden por qué son buscadas por el sexo opuesto solo para relaciones pasajeras y sexuales, y no para un compromiso. Generalmente, estas personas han alcanzado una edad en la que han notado que este patrón se ha repetido a lo largo de sus vidas y desean sanar, por lo que acuden a la terapia.

La energía del compromiso de pareja se les ha puesto de espaldas, debido a actos hostiles cometidos en el pasado de esta vida o en «vidas pasadas paralelas». Por ejemplo, involucrarse sentimental y sexualmente con una persona casada sin respetar el compromiso de un tercero requiere un arrepentimiento genuino y una toma de conciencia sobre el respeto a los compromisos ajenos.

En ocasiones, la energía del compromiso se encuentra bloqueada por un bagaje de relaciones pasadas promiscuas u ocultas. En este caso, las personas que anhelan un compromiso no perciben a quienes tienen el bloqueo; casi les son invisibles, mientras que aquellos que solo buscan sexo y diversión los ven con claridad. Asimismo, atraer a personas únicamente interesadas en tener sexo puede estar relacionado con la creencia de que las relaciones se consiguen por la buena cama y la belleza física.

He atendido a personas que sospechan que la causa de que todos los posibles candidatos o candidatas se alejen es debido a brujería. En ocasiones, esto puede tener un componente de ese tipo, pero rara vez es la verdadera causa. Más bien, la causa real suele ser un punto vibratorio en conflicto, como la falta de honra al compromiso, que actúa como puerta de entrada para estas entidades, que pueden ser enviadas para vengarse por alguna acción recibida en esta vida o en alguna «vida pasada paralela», o simplemente unirse por vibración y agravar la situación en la vida de la persona.

Es fundamental entender que ninguna entidad de bajo astral puede causar daño alguno si no hay un punto vibratorio que lo permita. Este punto vibratorio puede variar; normalmente se trata de emociones de baja vibración, como miedo, dolor u odio, pero también puede implicar actos hostiles, deseos insanos o deshonra hacia otras energías.

Las actitudes de envidia con deseos destructivos hacia quienes han logrado establecer una relación feliz y estable también pueden ser una causa. Además, las infidelidades y la falta de aprecio hacia los cónyuges en «vidas pasadas paralelas» pueden ser la razón, dado que algunas almas deciden aprender a valorar lo que antes no fue apreciado. Por otro lado, el deseo de tener hijos y no poder puede estar asociado a más que creencias limitantes; a veces se relaciona con no haber valorado y honrado la energía de ser padre o madre en una «vida pasada paralela», maltratando o abandonando a los hijos o practicando abortos indiscriminadamente. Por ello, es crucial que todas las personas tomen conciencia de la importancia del respeto hacia otros seres humanos, así como la honra a la vida y a todas las energías.

También es común encontrar bloqueos en la energía de las relaciones de pareja en aquellas personas que acumulan pensamientos de juicio y crítica hacia el sexo opuesto, o incluso hacia su mismo sexo. Creencias como «los hombres solo quieren sexo», «las mujeres son interesadas», «los hombres buenos están casados», «no hay hombres», «todas las mujeres son prostitutas» o «las mujeres son complicadas» enturbian la fluidez de la energía que permite atraer y construir una relación de pareja sana y satisfactoria. Muchas veces, estas creencias están ocultas y emergen durante las sesiones de CEYS para poder sanar de raíz. No obstante, expongo en este capítulo el funcionamiento de ciertas energías para ayudar al lector a tomar consciencia sobre los pensamientos y creencias que no están tan ocultos y que así pueda corregirlos al entender que no es adecuado generalizar.

LA ENERGÍA DEL ÁREA LABORAL

Hay personas a las que les resulta difícil progresar en su área profesional, y el bloqueo no se encuentra en la energía del dinero en sus vidas, sino en la energía de su área laboral. En algunos casos, esas personas tienen creencias negativas en torno a las figuras de autoridad, como jefes o superiores. En otros, se sienten insuficientes para los cargos que ocupan o que desean ocupar; se centran en competir en lugar de cooperar; se asustan ante la competencia y envidian a otros empleados que destacan.

Las causas son muy variadas, pero quiero referirme aquí en particular a los actos hostiles que se realizan en «vidas pasadas paralelas» o en la vida actual hacia subalternos. Actitudes de superioridad, arrogancia y egocentrismo son factores que resalto para enfatizar la importancia de honrar a todas las personas, independientemente de la condición de vida que ocupen, ya sea laboral, social, económica, intelectual, de raza, religión, de edad o cualquier otra.

CAPÍTULO 6

PALABRAS FINALES

En la época actual, las personas están más abiertas a buscar ayuda para mejorar sus vidas en todos los aspectos. Este es un tiempo de gran despertar para la humanidad, en el que muchos se preguntan acerca de su propósito y cómo pueden evolucionar. La terapia CEYS ofrece respuestas personalizadas a estas inquietudes, gracias a lo cual permite a las personas transformar sus vidas de conflictos y vacío existencial a existencias plenas y abundantes.

Te invito a que consideres la posibilidad de experimentar el proceso de sanación que CEYS puede brindarte. Esta terapia está al alcance de tu mano y puedes abordarla desde cualquier aspecto de tu vida. Para ilustrar su impacto, encontrarás un apartado con los testimonios de mis alumnos y pacientes, quienes comparten sus vivencias de impacto.

Si lo que has leído hasta ahora te ha resonado y te gustaría formarte como terapeuta en CEYS, también te invito a que revises los detalles sobre la formación. Esta te capacitará y te otorgará un certificado con el que te será posible ayudar a otros a través de la terapia. No se requiere ningún requisito previo, salvo el deseo de ayudar y la disposición para estudiar con dedicación.

Durante la formación, recibirás información valiosa que ampliará tu conciencia. Aprenderás conceptos fundamentales como el karma, líneas de tiempo, vidas paralelas, el verdadero perdón y la proyección psicológica. También se te enseñará a guiar la terapia con tus pacientes, paso a paso, no solo en cuanto a la técnica, sino también en todo lo que necesitas entender sobre el proceso terapéutico.

La formación incluirá la enseñanza de regresiones y progresiones, además de los detalles sobre cómo desarrollarte como un verdadero terapeuta cuántico, ese que ayuda desde el amor y la comprensión del viaje de cada alma, siempre manteniendo la ética necesaria. De este modo, al ayudar a otros, también estarás sanando tu propia energía.

A lo largo de tu formación, recibirás sesiones de CEYS y practicarás con tus compañeros bajo mi supervisión. Las clases se realizan a través de Zoom durante tres meses y luego tendrás acceso a prácticas adicionales. Además, en la plataforma de clases de la escuela contarás con material de apoyo útil.

Al concluir tus estudios y prácticas, se te otorgará un certificado que te permitirá comenzar tu camino como terapeuta, ayudando a otros con la terapia CEYS. Aunque esta terapia no es algo que puedas aplicarte a ti mismo, no debes preocuparte, ya que formarás parte de una comunidad de terapeutas que te brindarán apoyo.

Lo más importante que podemos lograr en nuestro viaje como almas en el mundo físico es expandir nuestra conciencia. Al sentirnos atraídos a aprender herramientas que nos permitan ayudar a otros en su evolución, recibimos abundantes bendiciones de la supraconsciencia. Ayudar a los demás es, en última instancia, un acto de autoayuda, pues todos somos un solo espíritu en proceso de autoconocimiento a través de nuestras experiencias en diferentes mundos de experimentación. Aprender esta terapia y aplicarla a otros sin duda marcará un camino lleno de bendiciones para ti.

A lo largo de nuestras vidas simultáneas, la consciencia que somos se manifiesta a través de diversas experiencias, y es en estas vivencias donde encontramos la verdadera fuente de sabiduría. Este saber es la joya que nace de cada experiencia. Para alcanzarla, creamos situaciones que deben ser comprendidas e integradas, lo que nos permite, así, dejar atrás la repetición de experiencias dolorosas y, en cambio, trascenderlas. De este modo, nos abrimos al sentimiento más puro y auténtico de nuestro ser: un estado de entusiasmo, alegría y amor genuino.

TESTIMONIOS DE ALGUNOS PACIENTES

«Nací en un hogar con padres que fumaban e ingerían alcohol. Adquirí ambas adicciones y así pasé muchos años, hasta que comencé a seguir a Lina en las redes sociales y a saber de su labor. Vi uno de sus *lives* de Instagram en donde explica cómo cambiar redes neuronales, y justo era indicado para las adicciones. Puse en práctica su información y a los treinta días no fumé más, ni tomé más alcohol… Pasados cuatro meses volví a fumar, pero el alcohol no lo bebí nunca más. Entonces me hice una terapia CEYS con Lina; me impresionó lo que vi de mi infancia cuando era una bebé y también me impresionó cómo Lina logró que cambiara esa línea de tiempo de mi pasado por uno diferente y mejor. Uno observa todo en la terapia con claridad. A partir de esa sesión dejé de fumar definitivamente, se me quitaron por completo las ganas, es como si nunca hubiera fumado. Me siento feliz desde ese entonces, renovada, agradecida con Dios y con Lina. Su terapia no se compara con nada: es maravillosa».

Mireya Hernández

«A lo largo de mi vida padecí diversos problemas de salud y malestares emocionales que no mejoraban con la medicina convencional, por lo que busqué ayuda en terapias alternativas que fueron en su momento útiles para mí, como la terapia Gestalt, constelaciones familiares y otras. No obstante, no terminaba de sanar los dolores en mi cuerpo ni mis conflictos existenciales. No terminaba de poder entender mis procesos ni gestionar mis emociones, hasta que un día maravilloso empecé a hacer terapia CEYS con Lina. Esta terapia sí me permitió sanar de raíz, eliminar las dolencias de mi cuerpo, explorar mi mente subconsciente como nunca antes lo había hecho y experimentar una transformación profunda, cambiando radicalmente para bien mi relación conmigo misma y con los demás. Una de las cosas que me han parecido más maravillosas de esta terapia es que bastan una o dos sesiones para sanar de verdad y para siempre, cualquier tema. ¡Con CEYS puedes sanar absolutamente todo! Sané mis bloqueos para aprender nuevos idiomas, sané mi miedo a avanzar, sané todas mis relaciones, incluyendo mi relación con el dinero, con familiares, pareja, compañeros de trabajo. Me siento empoderada, llena de paz y alegría. ¡Gracias, mi bella Lina, por ser una guía tan comprensiva en este viaje de autodescubrimiento y sanación!».

Yndira Pérez Guerra

«Mi esposo Michael y yo llevábamos cinco años de casados cuando le sugerí que tuviéramos un hijo. No habíamos hablado de ese tema durante el noviazgo ni durante los primeros años de casados, porque estábamos enfocados en otras cosas. Una vez logrados nuestros objetivos de vida, sentí que era el momento de abordar el tema, y lo hice. Sin embargo, su respuesta me cayó como un balde de agua fría, pues me dijo de una forma muy determinante que él no deseaba tener hijos. Fuimos a un consejero de pareja, pero no quiso continuar, así que me sentí muy frustrada porque lo amo, pero no quería renunciar a ser madre. Michael tuvo una niñez difícil y solitaria, pues su padre abandonó a su madre y a su hermano estando él pequeño, por lo que su madre tuvo que trabajar mucho para mantenerlos, así que Michael veía tener hijos como una carga innecesaria. Traté de darle tiempo, pero al ver que no salía de su negativa, contacté a Lina Custode Tuozzo. Lo primero que Lina hizo fue una sesión de canalización para obtener información de su alma, que estaba negada a querer tener hijos. De embarazarme sin su consentimiento, se iba a crear amargura en él que perjudicaría la relación, por lo que Lina me sugirió que podíamos hacerle una sesión de terapia CEYS haciéndosela a él, pero a través de mí, porque él estaba negado a hacer ningún tipo de terapia. Al iniciar la sesión pedimos permiso a su ser espiritual y este lo concedió, así que hicimos la sesión. Durante la misma vi los bloqueos de su niñez que originaron su negativa y sentí sus emociones de niño. Además, la sesión nos reveló que él sentía desconexión con los niños y su verdadero miedo era no poder conectar como padre. Todo eso se sanó durante la terapia con esta técnica maravillosa que es CEYS.

Como resultado de la sesión, Michael cambió. Aun sin saber que yo se la había hecho, empezó a acariciar la posibilidad de que tuviéramos un hijo. Le pedí a Lina una segunda sesión que resultó ser determinante en su apertura y deseo de tener un hijo. La segunda sesión sirvió para reafirmar su autoestima y confianza como futuro padre. Yo me siento muy feliz, pues estamos en el proceso de embarazarnos, y agradecida con Dios y con Lina por esta fantástica solución que está disponible y que ayuda a las almas a sanar para construir vidas más dirigidas por los verdaderos deseos del corazón, y no por programas de miedo que alberga el alma debido a experiencias traumáticas».

Rossana Martínez

«Gracias a hacerme la terapia CEYS con Lina, pude detener y sanar la psoriasis que venía padeciendo desde mi juventud. Esta terapia ha generado cambios muy favorables en mi vida. Pude observar cómo a través de los siglos, las cargas emocionales negativas del pasado estaban perjudicando mi vida actual, mi relación de pareja y mis relaciones en general en todos los niveles. Inmediatamente después de la primera sesión recuperé mis niveles de energía, pues estaba sufriendo de mucho cansancio sin causa aparente. Sin embargo, comencé a sentirme mucho mejor, más activa y con más entusiasmo. Ver estos resultados en mí me motivó a querer formarme como terapeuta en CEYS y, gracias a eso, todo en mi vida actual es más fluido, percibo de inmediato cuando tengo una sombra que disolver, y la disuelvo. Recordar pasajes de las prácticas de formación, como la presencia del maestro Jesús, es una huella agradablemente indeleble para mí. Con cada recuerdo aumenta la certeza de la efectividad de la terapia en sí y la satisfacción de comprobar la existencia de nuestros hermanos mayores que siempre están presentes en las sesiones de terapia. He comprobado cómo la terapia CEYS efectivamente sana y mejora la vida de las personas. Doy infinitas gracias a Dios y a ti, querida Lina, infinitas bendiciones por haber desarrollado con tanto amor esta terapia maravillosa. Gracias, gracias, gracias».

Ángela Arboresi

«Hice terapia CEYS con Zaile Rivera, quien aprendió de Lina Custode Tuozzo. Trabajamos mi energía sexual. En la terapia vimos que mis procesos estaban ligados al abandono de mi padre y al fallecimiento de mi hermano, cosas que pude liberar y sanar en la sesión. Luego de la sesión se movió mucha energía favorable para yo seguir sanando; me sentí reconfortado, salieron a la luz mis confusiones y fue muy liberador. Pienso que todas las personas deberían experimentar alguna vez en sus vidas este tipo de sanación».

ROBERTO BELLO

TESTIMONIOS DE ALGUNOS ALUMNOS

«Aprendí esta terapia llamada CEYS de la mano de Lina Custode Tuozzo, y aunque manejo otras técnicas de terapia, esta es la más especial para mí, tanto para mi uso personal como para poder resolver cualquier situación en otras personas. La terapia CEYS significa Comunicación Energética porque la energía nos habla, y Sanación porque en el proceso se logra sanar. Para mí, haber aprendido esta herramienta es uno de los mejores regalos que uno se puede hacer a sí mismo, puesto que te permite trabajar cualquier situación o problema. No hay límite para abordar cualquier aspecto de la vida; por ejemplo: la falta de salud debido a cualquier causa o enfermedad; la carencia económica (que es algo muy común); cualquier problema de relaciones familiares o personales, de trabajo, laborales o de negocios. CEYS puede desbloquear aspectos legales, ventas… Es maravillosa; no tiene límites porque todo es energía. Una de las ventajas de CEYS es que te lleva a la situación exacta donde se gesta el problema que requiere ser sanado. Entonces, no vas dando tumbos entre mil cosas, sino que vas directo al punto. Hay otras técnicas que pueden ser interesantes, pero para mí esta es especial porque es más profunda, llega al alma, ayuda a ver con una visión mayor, permite que la persona libere lo que ha estado en su campo energético afectándole, por lo que deja de ser reactiva, toma los aprendizajes de las experiencias y eso le trae paz y alegría, lo que es nuestra verdadera esencia. Puede sanarse algo en una sola sesión. Por eso te invito a vivir la experiencia. Además, si te gusta el área, te invito a formarte como terapeuta en terapia CEYS para que seas parte del grupo de personas que estamos ayudando a la humanidad a transformar sus vidas.

Otra cosa maravillosa de CEYS es que puede ayudar a una persona que no esté en capacidad, por alguna causa, de recibir la terapia directamente, haciéndolo a través de otra persona. Terapia CEYS es un gran aporte a la humanidad dado por los maestros de planos superiores a través de Lina, de quien me siento profundamente agradecida».

Inés Monsalve

«La terapia CEYS es una herramienta extraordinaria. Para mí ha sido una experiencia de otro mundo. Al hacer una terapia CEYS veo cómo la persona experimenta un cambio emocional muy notorio y rápido, dado que sana los programas de sus situaciones de vida. Como practicante de esta terapia es muy gratificante ver los cambios en las personas a las que se la aplico.

Hacer la formación de CEYS me dio un aprendizaje invaluable, por el conocimiento y las herramientas que me proporcionó. Es realmente una terapia sorprendente y maravillosa.

Lo que para mí fue de mayor impacto en cuanto a los beneficios que aporta es que te capacita para trabajar en los casos donde las afecciones son causadas por entidades del bajo astral. Me gusta también el hecho de que en la sesión, como ayuda en la sanación, recibimos la asistencia de los maestros de planos altos. Vivir la experiencia con la terapia CEYS, tanto al recibirla como al efectuarla, ha sido para mí una renovación completa en mi vida, por lo que le agradezco mucho a Dios haberla puesto en mi camino a través de Lina».

LEMAYRE ÁLVAREZ

«Desde que comencé a aplicar la terapia CEYS he sido testigo de transformaciones increíbles en mis pacientes: han sanado sus conflictos de manera rápida, efectiva y permanente. Los resultados han sido asombrosos: mejoras inmediatas en sus estados emocionales, en su salud, en el logro de sus objetivos, en la armonización de sus relaciones, en cualquier área que se escoja abordar. Gracias a lo aprendido en la formación con mi maestra Lina Custode Tuozzo, he podido ayudar a muchas personas a alcanzar una mayor felicidad y salud integral.

Estoy emocionada de contribuir con mi testimonio a un libro que destacará por exponer una terapia tan maravillosa; también estoy agradecida infinitamente por la oportunidad de ser parte del grupo de personas que seguimos formándonos y creciendo de la mano de Lina para acompañar y ser testigos del proceso de reconocimiento del verdadero ser espiritual que somos todos y desde el cual todo puede sanarse y trascenderse. ¡Mil gracias!».

María Isabel Rocco

GLOSARIO DE TÉRMINOS

Alma: es la parte de nuestro espíritu que viaja, por así decirlo, para realizar experiencias en los diversos mundos.

Supraconsciente: es la mente a través de la cual la fuente de la existencia se expresa con pensamientos reales e ilimitados.

Terapia cuántica: es una forma de terapia que usa la física cuántica.

Agenda del alma: es la planificación de eventos que hace el alma antes de venir al mundo físico. Esta puede cumplirse o no.

Bajo astral: es el segundo plano de los siete planos de existencia donde se expresa el espíritu. Está habitado por seres sin cuerpo físico y bajos niveles de consciencia.

Consciencia: es lo que somos. Es espíritu. Es existencia.

Consciencia de una persona: es la suma de todos los pensamientos que una persona acepta como verdad para ella.

Conciencia: estar en conocimiento de algo.

Proyección psicológica: es un mecanismo de la mente humana que hace que las creencias ocultas en su subconsciente se vean actuadas fuera de sí mismo, en sus relaciones con otras personas y en eventos.

Verdadero perdón: es el mecanismo dado por el maestro Jesús en *Un curso de milagros*. Al aplicarse, deshace la proyección psicológica.

Ser espiritual: es la parte de cada uno de nosotros que maneja la supraconsciencia.

Reencarnar: proceso mediante el cual el alma viene una y otra vez al plano físico naciendo y utilizando un cuerpo.

Frecuencia de energía: se define como el número de vueltas que realizan los electrones de un átomo alrededor de su núcleo en un segundo de tiempo.

Frecuencia personal: está dada por el movimiento de los electrones alrededor de sus núcleos durante un segundo en el cuerpo de una persona. A mayor rapidez de movimiento de estos electrones, una persona tiene mayor frecuencia de energía.

Campo cuántico: es todo cuanto existe; es la consciencia y energía en todos sus estados de existencia.

Subconsciente: se distingue de la totalidad de la mente por ser aquella parte en la que se graban nuestras experiencias, a partir de las cuales se forman creencias. Actúa en nosotros sin que necesariamente demos nuestro consentimiento y produce hábitos y conductas de diversas índoles.

Estados cuánticos: son todos los posibles estados en los que puede estar un electrón en su naturaleza de onda.

Estado cuántico: es un estado determinado que adquiere un electrón ante la presencia de un observador.

Estados cuánticos de una persona: es el conjunto de todos los posibles estados en los que una persona se puede manifestar.

Estado cuántico de una persona: es un estado particular en el cual la persona se está manifestando.

SOBRE LA AUTORA

Lina Custode Tuozzo es ingeniero electricista (Universidad de Carabobo) y psicoterapeuta especializada en conexiones con vidas paralelas y progresiones a futuro. Como creadora de la terapia cuántica CEYS, ha desarrollado un enfoque único de sanación que integra conceptos de física cuántica y crecimiento espiritual.

Con una trayectoria destacada como conferencista y facilitadora de talleres de desarrollo personal, Lina comparte su conocimiento y experiencia en radio y televisión, donde produce y conduce programas dedicados al bienestar y la expansión de la conciencia. En 2003, fundó la escuela en línea Maestros de Paz, un espacio en el que ha guiado a miles de personas hacia la transformación interior al ayudarlas a sanar desde el dolor hasta la paz. Allí, se han reportado numerosos casos de sanación de enfermedades autoinmunes como diabetes, hipertensión y cáncer.

BIBLIOGRAFÍA

Hubbard, R. (s.f.). *La escala tonal completa.* Scientology.

JALS. (12 de septiembre de 2014). *Experimento de la doble rendija* [Video]. YouTube. https://youtu.be/9X0jN3sz3sI

Luca Diiorio. (2019). *Experimento del gato de Schrodinger.* [Video]. YouTube. https://youtu.be/6jOO2qCd9zM?si=ubLVn9xWF__OdjNR

Schucman, H. (s.f.). *Un curso de milagros.* Foundation for Inner Peace.

Made in the USA
Monee, IL
19 October 2026

66035251R00128